AF140129

Hiddenseer Tagebuch

TORSTEN KRONE

Hiddenseer Tagebuch

Memoiren eines Urlaubs

Informationen und Kontakt:

www.hausboot-smalltalk.de

kontakt@hausboot-smalltalk.de

Bibliografische Information der Deutschen Nationalbibliothek:
Die Deutsche Nationalbibliothek verzeichnet diese Publikation
in der Deutschen Nationalbibliografie; detaillierte bibliografische
Daten sind im Internet über http://dnb.dnb.de abrufbar.

© 2018 Torsten Krone

Bilder und Grafiken: Torsten Krone

Satz, Layout und Umschlaggestaltung: einszweidreibuch.de

Herstellung und Verlag: BoD – Books on Demand, Norderstedt

ISBN: 978-3-7386-0734-5

Inhalt

Wir lassen uns darauf ein

Der Regen trommelt gegen die großen Panoramascheiben der Fähre. Die Wellenkämme des uns umgebenden Wassers zeigen weiße Hauben. Ungeordnet, ohne erkennbare Struktur bewegt sich die schwappende Wassermasse mit kurzen kleinen Wellen eigensinnig in alle Richtungen. Wir sitzen ganz vorn an einem Tisch im großzügig gestalteten Passagiersalon. Die Auswahl an freien Plätzen ist vielfältig, denn heute treten nicht viele Passagiere den Weg vom Fährhafen Schaprode auf Rügen nach Hiddensee an. Wer möchte schon bei einem solchen Wetter auf die Insel, die sich im Dunst als lange graue Masse abzeichnet. Unweit unseres Tisches ist Gepäck zusammengestellt. Ein Koffer, zwei Taschen und zwei Rucksäcke, darüber zwei Jacken zum Trocknen aufgehängt. Durch die wenigen Fahrgäste ist es nicht schwer zu ermitteln, dass diese Sachen uns gehören. Bereits beim Ausladen auf dem Großparkplatz in Schaprode kam uns der Gedanke, dass wir wieder einmal zuviel mitgenommen haben. Dort mussten wir uns von unserem Auto trennen, da auf Hiddensee keine privaten Autos erlaubt sind. Wir sind nur zu zweit, meine Frau und ich.

Als wir noch mit Kindern reisten, war das Gepäck nicht umfangreicher. Wahrscheinlich entspricht es der Natur des Menschen, die Dinge auszureizen, sich an der Oberkante des Möglichen zu bewegen. Irgendwann wünsche ich mir einen Urlaub, für den ein Handgepäck reicht oder ich mich durchringen kann, nicht mehr als eine kleine Tasche mitzunehmen. In der Jugend beim Trampen war ich diesem Ziel schon recht nahe. Vielleicht liegt es am Alter, an dem geschwundenen Mut zum Risiko, an den Gewohnheiten einer Wohlstandsgesellschaft, in der man auf jede Situation vorbereitet sein will und jede Eventualität absichern möchte. Ich weiß es nicht, es ist sicher eine Mischung aus allem und die fehlende Konsequenz, aus den unsichtbaren Normen auszubrechen. Andererseits fehlen die Gründe, gewohnte und geliebte Annehmlichkeiten zu entbehren. Die Ferienzeit soll schließlich kein spartanischer Selbstfindungstripp werden. Stattdessen gönnt man sich in der Urlaubszeit Dinge, auf die man im Alltag verzichten muss. Klar, das ist gesellschaftlicher Mainstream, der den Hochglanzprospekten der Urlaubsregionen entspricht.

Die Gedanken kreisen im Kopf und suchen Begründungen, warum das Gepäck so umfangreich ist. Diese Tatsache war bisher kein Problem, denn das Auto trug die Last, zumindest bis zu diesem Parkplatz in Schaprode. Die Tasche mit der »Hausbibliothek« hatte zum Glück Rollen und der Koffer, dessen sich meine Frau annahm, ebenfalls. Auf den Fotorucksack einschließlich Stativ hatte ich bestanden, im Gegenzug Einschränkungen bei der Garderobe angeboten. Am Ende hat die Kleidung dann doch Asyl im Reisegepäck gefunden, dafür kam der zweite Rucksack dazu. Wir hätten die Situation nicht derart bewusst wahrgenommen, wenn das Ziehen von Koffer und Tasche im Regen auf dem durchnässten Parkplatz nicht so beschwerlich gewesen wäre. Die Schirme behielten ihren Platz im Gepäck, schließlich waren die Arme bereits belegt. Weit war es zum Glück nicht, von der Einfahrt des umzäunten Geländes fährt eine kleine Bahn zum Hafen. Obwohl wir 400 km mit einigen Staus hinter uns haben, klappt alles zeitlich sehr gut. Nach dem Erwerb der Fährtickets blieben noch zehn Minuten, bis wir an Bord konnten und nun sitzen wir im Trockenen bei einer Tasse Kaffee und einem Stück Kuchen. Meine Bemerkung »jetzt haben wir Urlaub« findet still-schweigende Zustimmung.

Der Sommer zeigt sich dieses Jahr missgelaunt, bei kühlen Temperaturen und wenig Sonne. Wohl denen, die sich nach Süden aufgemacht haben oder sich in einem der Urlaubsjets befinden und Sandstränden mit türkisblauem Wasser entgegenfliegen. Die Möglichkeiten sind vielfältig, fast unbegrenzt. Ferne Länder erkunden, auch wenn es manchmal nur das eingezäunte und gesicherte Areal des Ferienressorts ist, in dem die Urlauber ihren Auslauf haben, weil die Umgebung zu unsicher ist. Viele pendeln ohnehin nur zwischen Strand und Poolbar. Unsere Interessen hat das nur selten befriedigen können. Deshalb fahren wir gegen den Strom, auf ein Eiland im Prominenzschatten der großen Insel Rügen. Gerade erst der Kinder entwöhnt, die jetzt ihren eigenen Weg gehen, freuen wir uns auf eine gemeinsame Zeit. Diese ist im Berufsleben knapp und deshalb umso wertvoller. Bei den ständigen Entscheidungen, Priorisierungen und der Neuordnung von Aufgaben im Alltag sehnen sich Körper und Geist nach Alternativen und aktiver Abwechslung, die Ruhe verspricht, aber nicht nur das Wenden auf der Sonnenliege umfasst. Deshalb lassen wir uns auf die Insel ein, die abseits der bekannten Seebäder und Urlaubsorte im flachen Wasser der Ostsee liegt. Wir erwarten nichts und freuen uns über die Dinge, die ein unbekannter Ort offenbart, preisgibt und entdecken lässt. Von dem Ziel eines sensationellen Urlaubs mit dem ultimativen Erlebnis haben wir uns schon lange verabschiedet und dadurch viel Seelenfrieden gefunden.

Die Fähre wird uns nach Kloster bringen, einem nördlich gelegenen Ort, dessen Name auf das ehemalige Zisterzienserkloster an dieser Stelle zurückgeht. Die Schiffsroute führt zunächst zur südlichsten Anlegestelle in Neuendorf und dann zurück auf dem Boddenwasser zwischen Rügen und Hiddensee bis zum Hafen in Kloster. Die Fahrzeit dauert deshalb mehr als eine Stunde, bei besserem Wetter genug Zeit, über die Insel und die drei Hauptortschaften Neuendorf, Vitte und Kloster zu blicken. Nördlich von Kloster erhebt sich ein Hügelland, das man als »Dornbusch« bezeichnet. Heute bleiben die Details hinter einem Regenschleier verborgen. Die Insel erhebt sich als langes Band eines flachen Landes mit den Bergen im Norden aus der See wie ein tiefliegender Tanker, der sich von der Brücke gesteuert schwerfällig durch die Fluten schiebt.

Beim Blick aus dem Fenster zieht die Landschaft im trüben Tageslicht vorbei und ich beginne auf meinem Handy herumzudrücken. E-Mails und Nachrichten checken. Außer ein paar Newsletter, die regelmäßig nerven und die ich schon längst abmelden wollte, gibt es nichts Neues. Das ist wie bei den Dingen auf dem Dachboden oder im Keller. Man schlägt sich jahrelang damit herum, räumt sie von links nach rechts, stapelt sie um und schieb sie beiseite, ohne sie jemals zu nutzen. Bis zu dem Moment, wo man sie endgültig entsorgt hat, aber genau dann gebrauchen könnte. Also lösche ich die Meldungen geduldig, in wenigen Tagen erscheinen aktuelle. Auch die anstehenden acht Updates meiner nicht genutzten Apps ignoriere ich. Etwas Interessantes finde ich doch noch. Die Navi-App zeigt mir unseren Standort mitten im Boddenwasser. Der Kapitän fährt exakt auf der Linie des markierten Fahrwassers, das gibt ein sicheres Gefühl. Dabei überlege ich, welche Abweichung ich dem Steuermann zugestehe, bevor ich auf die Brücke stürme, um wild gestikulierend auf den Missstand aufmerksam zu machen. Schließlich habe ich den mobilen Beweis in der Hand. Tatsächlich würde ich aber nur verunsichert aus dem Fenster schauen und mit dem Schlimmsten rechnen. Viel Wissen schafft Unsicherheit, Unruhe und erzeugt Stress, wenn man die vermeintlichen Kenntnisse nicht verwerten kann. Die Digitalisierungspropheten reden uns ein, dass es gut ist, alle Details zu kennen und per App über jede Kleinigkeit informiert zu werden. Der Wissensspeicher im Kopf hat aber seine Grenzen, deshalb ist es manchmal besser, nicht alles zu erfahren und ich drücke die Darstellung weg.

Meine Frau hat auch etwas auf dem Handy gefunden. Die Wetter-App zeigt Regen für die Insel, womit der kleine Helfer exakt die Realität wiedergibt. Die Anzeige von Sonnenschein hätte zu Ärger geführt, weil es ja regnet. Wäre es dagegen draußen schön und die App weist Regen aus, könnte man die Sonne nicht genießen, da jeden Moment das schlechte Wetter kommen muss. Aber heute stimmen Information und Wirklichkeit überein und wir erfahren das, was wir ohnehin bereits wissen. Viele neue technische Hilfsmittel zwingen uns häufig Aufgaben auf, die wir ohne sie nicht hätten. Wir beschäftigen uns allzu oft mit uns selbst, und verlieren die tatsächlich wichtigen Dinge aus den Augen. Wie wir so mit unseren Handys beieinander sitzen, erfüllen wir das Klischee eines modernen Paares, das sich digital verbunden fühlt:

»Hast du das auch bekommen?«

Schnell noch ein Regenbild per WhatsApp an die Kinder. Die können uns dann bedauern oder sich freuen, dass Sie nicht mitfahren mussten. Als hätten wir uns abgesprochen, packen wir die Geräte weg und trinken unseren Kaffee. Draußen überholt ein Wassertaxi. Die kleinen Boote für wenige Fahrgäste pendeln ständig direkt zwischen den Hiddenseer Häfen und Rügen hin und her. Die Fahrzeit ist entsprechend kürzer, dafür steht das Gepäck auf dem Achterdeck in der Nässe und die Passagiere drängen sich in der engen Kajüte. Da nehmen wir gern die längere Fahrt in Kauf, was dem Wetter die Chance der Verbesserung lässt. Als wir Kloster erreichen, hat der Regen tatsächlich aufgehört. Der Steuermann zeigt sein Können und legt eine rasante Wende im Hafenbecken hin, dass wir von unserem Platz aus die Kaimauer vorbeifliegen sehen, bevor wir endgültig anlegen und festmachen.

Für den kurzen Weg bis zum »Appartementhaus Dornbusch« gleich am Hafen nehmen wir alle Kräfte zusammen und bringen die Taschen sicher dort hin. Ein Zimmer im Erdgeschoss wird unser Heim für die nächsten zwei Wochen. Ich öffne die Glastür zur kleinen Küche und meine zu meiner Frau:

»Schau, dein Zimmer hat sogar ein Fenster.«

Belustigt meint sie:

»Frühstück machen ist im Urlaub aber deine Aufgabe.«

Damit hat sie durchaus recht. Wir scherzen noch ein wenig und verpacken den Spaß in eine Meldung an die Kinder, die nicht weggeht. Wir haben keinen Empfang. Na Klasse, das kann ja was werden. Im Türrahmen zur Küche mit dem Handy über dem Kopf habe ich immerhin zwei Balken. Ein paar Sachen packen wir aus. In der »Technik-Tasche« fördere ich neben einer Armada an unterschiedlichen Ladegeräten ein kleines Digitalradio zutage, dass für die Frühstücksmusik schon gute Dienste geleistet hat. Der Sendersuchlauf für die Digital-programme findet keinen Sender. Nun ja, dann eben der bewährte UKW-Empfang. Allerdings bringt auch hier der Suchlauf nicht einen einzigen Kanal, wir schauen uns verdutzt an.

»Du wolltest doch mal Aussteiger-Urlaub machen«, meint meine Frau.

Sie zaubert ein paar Programme auf den Fernseher, der in der Größe mehr einem Computermonitor gleicht. Hier finden sich einige Radiosender, die per Fernsehkabel übertragen werden. Ich baue unsere Zimmerbibliothek mit Büchern über Hiddensee auf.

»Ich glaube, wir müssen mindestens zwei Monate hier bleiben, wenn wir das alles lesen wollen.«

Auswahl ist ein Luxus, den man nicht überall hat. Dafür haben wir schließlich schwer getragen.

Was macht man sinnvollerweise am ersten Urlaubs-tag? Die Umgebung erkunden. Völlig unbekannt ist die Insel nicht, vor etlichen Jahren waren wir zu einem Tagesausflug schon einmal hier. Also Regenjacke an-ziehen, Schirm mitnehmen und los geht es. Die Luft ist frisch und feucht, Zeit zum Durchatmen. Vom Haus sind es 200 m bis zum Kirchweg, der Hauptstraße durch Kloster, die dem Namen entsprechend keine Straße, sondern ein unbefestigter breiter Weg ist. Viele Pfützen zwingen dazu, einen Slalomweg einzuschlagen.

Vor uns läuft eine Familie mit zwei kleinen Kindern, die regenfest verpackt, mit kurzen Schritten ohne Zögern den geraden Weg durch die Wasserpfützen nehmen. Das Wasser schlägt leichte Wellen als sich die Füße wie ein Dampfer hindurchschieben. Die Stiefel bieten Schutz vor dem feuchten Element. Es ist belustigend und befreiend zu beobachten, wie unvoreingenommen, entdeckungs- freudig und unternehmungslustig diese Kinder ihren Weg gehen, ohne an Konsequenzen, nasse Schuhe oder Ärger mit den Eltern zu denken. Spontan zu handeln, neue unbekannte Wege einzuschlagen und unvernünftig zu sein, haben wir Erwachsenen weitestgehend verlernt. In einer Gesellschaft wo vor allem Erfolg und Gewinn zählen, muss immer alles abgewogen, verglichen und bewertet werden, in der Hoffnung auf das optimale Ergebnis. Das unbeschwerte Erkunden haben wir schon lange abgelegt und durch Vernunft ersetzt, obwohl die wenigsten Erfindungen und Entdeckungen darauf basieren. Bei dem Gedanken an unsere eigenen Kinder, die uns mit Stolz erfüllten, wenn wir ihnen ebendiese Vernunft beigebracht hatten, bin ich mir nicht sicher, ob wir immer richtig lagen.

Wir schlängeln uns weiter durch das Wasserlabyrinth, vorbei am Inselshop und dem Friedhof mit der Kirche bis zur Kreuzung am Leuchtturmweg. Von hier wandern wir einen Kilometer bis nach Grieben, dem nördlichsten Ort der Insel, der nur aus wenigen Häusern besteht. An dieser

Stelle hat man einen ersten Blick auf das Wahrzeichen von Hiddensee, den Leuchtturm. Die feuchten Wiesen leuchten in einem satten Grün, überall stehen Gruppen von Pferden, das erinnert uns etwas an Irland.

Auf dem Rückweg machen wir kleine Einkäufe im Inselshop. Der Laden ist halb so groß wie die Kassenfläche im heimischen Supermarkt, bietet aber scheinbar alles, was man für das Inselleben benötigt, von der Obsttheke bis zum Handwerkerbereich. Wir sind im Handumdrehen fertig. Wenn man nicht zwischen zwanzig Varianten eines Produktes auswählen muss, geht es eben schneller.

Später bummeln wir am Hafen entlang und beobachten, wie das letzte Fährschiff das Bollwerk anläuft. Mit dem gleichen rasanten Wendemanöver legt es sicher an. Vom Kai sieht das nicht so dramatisch aus wie aus dem Inneren des Schiffs, dennoch zeugt der Fahrstil von reichlich Übung und Erfahrung. Wenige Passagiere verlassen die Fähre. Einige werden von ihren Gastgebern mit einem Bollerwagen und Fahrrädern abgeholt. Die Begrüßung ist herzlich, man kennt sich und die Ankömmlinge sind vermutlich regelmäßige Gäste. Bei »Schillings Hafen Amt«, einer Gastwirtschaft direkt am Bollwerk, sitzen noch ein paar Besucher. Ein Kutter, der mit Räucherfisch wirbt, hat heute nicht mehr geöffnet.

Wir laufen um den Seglerhafen und kehren bei der Fischbarkasse »Willi« ein. Als die einzigen Kunden nehmen wir unsere ersten Fischbrötchen für diesen Urlaub an der rustikalen Theke in Empfang. Die Besitzerin gibt sich nordisch und wortkarg, ist reich an Erfahrungen mit zufriedenen, manchmal auch nörgelnden Gästen, von Leuten, die sich am Angebot erfreuen und anderen, die von der Fischauslage und der zu treffenden Auswahl überfordert sind. Das führt mit der Zeit zu einer notorischen Gleichgültigkeit. Wir kommen ein wenig ins Gespräch, über das schlechte Wetter und die ausbleibenden Besucher. Ich ordere ein Lübzer Bier. Immerhin kommt das aus Mecklenburg. Besonders im Urlaub wähle ich gern die regionalen Getränke und nicht die Sorten, die eine weitere Anreise hatten als wir selbst. Die Wirtschaftlichkeit hat sich mir in diesen Fällen ohnehin noch nicht erschlossen, zumal bei Bier die Verpackung fast genauso viel wiegt wie der Inhalt. Wenig später gesellt sich Leopold, wie er von der Wirtin gerufen wird, zu uns. Der Kater mit einem weißen Latz geht gemächlich zu einem Sitzkissen am Nachbartisch, das durch reichlich schwarze Haare deutlich als sein Platz ausgewiesen ist. In einem anderen Rahmen hätte es vielleicht gestört, hier freuen wir uns über die friedliche Gesellschaft.

Nach dem Essen laufen wir durch den Ort auf die gegenüberliegende Seite der Insel. Wir wollen das Meer sehen. Am Inselshop vorbei, führen Wege bis zur Treppe am Steilufer. Von hier oben liegt uns die Ostsee zu Füßen. Es weht noch immer ein kräftiger Westwind und die Sonne verbirgt sich hinter einer dicken Wolkenschicht. Heute gibt es keinen Sonnenuntergang zu beobachten. Inzwischen sind wir müde gelaufen, ein erster Eindruck der Umgebung, der Menschen und des Lebens auf der Insel ist im Gedächtnis gespeichert, bevor wir uns zur Ruhe begeben. Ich habe das Gefühl, etwas erlebt zu haben. Es sind reale und greifbare Erinnerungen. Dabei haben wir uns vor allem mit den banalen Dingen beschäftigt, einem Schlafplatz für die Nacht und dem schmackhaften

Fischbrötchen gegen den Hunger oder zumindest für den Appetit.

»Da haben wir heute gar nicht viel gemacht, aber der Kopf ist voller neuer Bilder«, meine ich. »An einem normalen Arbeitstag organisiert man viel kompliziertere Dinge und hat am Abend das Gefühl, überhaupt nichts mehr zu wissen. Meinst du, das hat was mit Bourne-out zu tun?« frage ich.

»Na ja, bei dem was du alles vergisst, habe ich auch schon daran gedacht.«

»Wir brauchen einen Psychologen!« sage ich. »Fast jeder hat heute einen solchen Therapeuten.«

»Du willst doch nur auf dem Sofa liegen. Hör lieber auf, dir über alles Gedanken zu machen.«

»Das ist gar nicht so einfach, wenn die Gedanken im Kopf umherwandern«, meine ich. »Vielleicht brauchen wir wirklich Urlaub.«

»Schlaf jetzt!« sagt meine Frau müde.

»Du hast recht, der Morgen ist klüger als der Abend, hieß es immer in den Märchen, die ich als Kind gelesen habe. Das waren noch Zeiten. Bist du zufrieden?« frage ich.

»Ja, bin ich.«

»Dann bin ich es auch.«

Ein Strand jenseits der Welt

Der nächste Morgen ist in Regenschleier gehüllt, wodurch sich das Aufstehen in besonderer Gelassenheit vollzieht, keine Verpflichtungen, niemand der zum Handeln drängt.

»Bist du dir eigentlich bewusst, dass dieser Urlaub der erste ohne Kinder ist?« frage ich.

»Vermisst du sie?«

»Nein«, war meine zögerliche Antwort. »Ist das schlimm?«

»Ich denke nicht. So ist der Lauf des Lebens und so muss es sein.«

»Werden wir uns jetzt langweilen?« frage ich.

»Ich hoffe doch nicht, wir haben uns vor den Kindern nicht gelangweilt, mit ihnen erst recht nicht und zukünftig bestimmt auch nicht. Wenn es so wäre, dann liegt es an uns und nicht an den Kindern.«

»Da hast du recht«, meine ich.

In früheren Menschenaltern war das Großziehen der Nachkommen die wesentliche Aufgabe im Dasein, die

Erhaltung der Art musste gesichert werden. Damit hatte das Leben seinen Sinn erfüllt, Entstehen und Vergehen lagen dicht beieinander. Mit diesem Anspruch ist der Mensch seit Jahrtausenden nicht mehr zufrieden. Er verfolgte neue Ziele, das Instinktive wurde zum Bewussten, was ihn über das Tierreich erhoben hat. Ob er die Fähigkeiten immer sinnvoll eingesetzt hat, ist zweifellos fraglich. Auf jeden Fall bin ich froh, dass uns das Leben eine Zeit nach den Kindern zubilligt und dass unsere Partnerschaft den anspruchsvollen Abschnitt überdauert hat.

Diese Gedanken sind Motivation genug, um bei dem Wetter aufzustehen und an das Frühstück zu denken, was ja in mein Ressort fällt und dessen Umsetzung ich eifrig angehe. Der nächtliche Schlaf hat neben dem Erholungseffekt die Eigenschaft, dass man sich in die Umgebung einfügt. Wie das Neugeborene, das mit dem ersten Kontakt zur Mutter die eigentliche Bindung herstellt, ist es der erste morgendliche Blick, der eine Beziehung zum neuen Ort aufbaut.

Am Vormittag mieten wir zwei Fahrräder an der Rezeption, die wegen des Regenwetters zunächst im Unterstand bleiben, aber immerhin sind wir wieder mobil. Da auf der Insel außer Versorgungsfahrzeugen keine privaten Autos zugelassen sind, ist das Rad das wichtigste Verkehrsmittel. Mit Regenschirm gehen wir eine Runde im Ort und lassen uns zum Mittag auf dem Räucherkutter am Hafen nieder. Warmer Fisch, frisch aus dem Rauch, ist eine besondere Delikatesse. Auf dem Vordeck des Schiffes sind Tische und Bänke montiert, die sich der Schräge der Bootsplanken anpassen. Das Bier steht somit bedrohlich schief im Glas, während eine gewisse Gefahr besteht, dass alles samt Speisen auf den feuchten Tischplatten abrutschen könnte. Das macht das Erlebnis authentischer und wir fühlen uns verbunden mit dem Fischgeruch, dem alten Holz und dem Eisen des Bootes, als wären wir die Fischer selbst, die ihren Fang verzehren. Wer mit sich beschäftigt ist, kommt nicht auf unnütze Gedanken und wer Zeit hat oder sich diese nimmt, kann genießen: das Essen, einen halbwegs trockenen Platz, den Blick aufs Wasser und den Hafen sowie die frische Seeluft. Mehr brauchen wir momentan nicht.

»Ich denke, hier werden wir nochmals Rast machen«, sage ich.

»Oh ja, unbedingt«, meint meine Frau.

Inzwischen hat der Regen aufgehört und wir fahren die Fahrräder erstmals aus. In der Standardausführung sind die Leihräder fast alle gleich, mit Nabenschaltung und in der praktischen Damenausführung, ohne die lästige Querstange der Herrenräder. Wahrscheinlich war der Erfinder dieser Konstruktion der Meinung, dass der richtige »Mann« sein Bein über den Rücken der Pferde schwingt und sich nicht seitlich auf den Sattel setzt. In Ermangelung echter Rosse bewahrt der Drahtesel zumindest die Bewegung des Aufsteigens. Damit wird in unzähligen Urlaubsorten die Männlichkeit untergraben, erneut ein Statussymbol wegrationalisiert, wir armen Männer. Aber so richtig verständlich ist mir das noch nie gewesen, warum Herrenräder den bequemen Aufstieg verwehren und man umständlich das Bein über den Sattel schwingen muss. Da ich bei den ständigen Fotomotiven der Insel sicher häufig absteige, kann ich bei der Damenausführung einfach vom Sitz gleiten und genauso schnell wieder aufsteigen. Das ist vielleicht nicht männlich, dafür aber praktisch. Männlichkeit hin oder her, ich bin mit meiner Ausführung des Fahrrades zufrieden und wir radeln Richtung Enddorn, dem nördlichsten Punkt der Insel. Gleich am Ortsausgang von Kloster gibt es einen kleinen Anstieg und wir müssen kräftig in die Pedale treten. Beim Spaziergang gestern ist uns die Steigung gar nicht aufgefallen.

»Hätten wir doch lieber E-Bikes nehmen sollen?« fragt meine Frau.

»Ach was, wir wollen uns doch auch etwas sportlich betätigen«, entgegne ich. »Schau, jetzt rollt es bis Grieben von allein.«

Nach den einzelnen Häusern des Ortes führt der weitere Weg über Betonplatten, deren Stöße uns ordentlich durchschütteln. Einen reichlichen Kilometern weiter sind wir an der Steilküste, die hier nur wenige Meter hoch ist. Einige Feriengäste wandern am Strand umher, schauend und suchend, vielleicht findet sich ein kleiner Bernstein oder wenigstens ein besonders schöner Stein, eine Muschel, lohnenswertes Strandgut? Den Hiddenseern wird ja ein spezielles Verhältnis zu den Fundsachen am Strand nachgesagt, die man eifrig sammelte. Böse Zungen behaupten, dass man einem Schiffbruch sehr offen gegenüberstand, um in den Besitz angeschwemmter Dinge zu kommen. Aber das ist lange her. Gehalten hat sich die Anekdote von einem, der in den Himmel wollte. Bei Petrus im Himmel waren allerdings gerade alle Plätz belegt und er konnte niemanden aufnehmen. Wer sei denn schon dort, fragte der neue Gast. Petrus meinte, das seien alles Hiddenseer. Darauf hin ruft der Wartende in den Himmel: »Schiff auf dem Strand«, worauf die Hiddenseer aus dem Himmel zum Strand rennen und bei

Petrus wieder ausreichend Platz frei ist. Auf den Inseln vor der Küste war das Leben karg und oft beschwerlicher als an Land. Strandgut war eine durchaus relevante wirtschaftliche Einnahmequelle nicht nur auf Hiddensee. Die Inselküste war noch aus einem anderen Grund eine gewinnbringende Gegend. In Zeiten vor der touristischen Entdeckung der Insel hat man zentnerweise Bernstein gefunden. Nach den Herbststürmen waren fast alle Bewohner am Außenstrand zwischen Kloster und Plogshagen beschäftigt, das Baumharz teilweise in faustgroßen Stücken aus der See zu fischen. Hiddensee war die »Bernsteininsel«.

Nachdem wir die Räder abgestellt haben, laufen wir ein wenig am Ufer entlang. Einer der vorangegangenen Besucher hat ein Steinmännchen errichtet. Es unterscheidet sich in seiner Ordnung von dem übrigen Durcheinander aus Steinen, Sand, Holz und Wasser. Ein Strand hat diesbezüglich etwas Magisches und ist in seiner Vielfältigkeit, der vom Meer in endloser Gleichmäßigkeit bearbeiteten Materialien, immer spannend. In unserem Keller zu Hause gibt es noch einige Gläser mit geduldig gesammelten und im Gepäck transportierten Muscheln und Fundstücken aus vergangenen Urlauben, die man in Erwartung eines strengen Geruchs nur ungern wieder öffnet. Finden, sammeln und entdecken entfachen eine Freude, machen aus dem Suchenden einen glücklichen Robinson Crusoe, der den entscheidenden Schatz gefunden hat.

»Ob das Bernstein ist?« fragt meine Frau erwartungsvoll.

»Du musst ihn an der Kleidung reiben. Wenn er dann durch die Aufladung einen Papierschnipsel anzieht, ist er echt.«

22

»Er ist sicher nicht echt, aber ich will ihn trotzdem mitnehmen.«

Hier am Enddorn wechseln die Kräfte des Meeres. Am Außenstrand nagt das Meer beharrlich an der Insel. Es trägt Material ab, höhlt das Ufer aus und lässt Sand und Steine von der Steilküste abbrechen, die sich am Dornbusch in gewaltiger Höhe über die See erhebt. Vor 10.000-12.000 Jahren hat die letzte Eiszeit den Inselkern aus Gestein vom Norden Europas zusammengeschoben. Das begehrte, urgeschichtliche Baumharz, der Bernstein, wurde dabei ebenfalls hierher verfrachtet, ist aber in seiner Entstehung viele Millionen Jahre alt. Vor 5.000 Jahren war der nördliche Teil der Insel, der heutige Dornbusch, etwa doppelt so groß. Jährlich werden ein bis zwei Meter von der Landmasse abgetragen, die sich hier im Norden bis auf reichlich 70 m erhebt. Der Landverlust an der Meeresseite ist nicht nur zum Nachteil der Insel. Viel von diesem weggetragenen Material wird auf der Nordostseite wieder angespült. Die Landzungen des Bessin, die der Insel die Form eines Seepferdchens geben, haben sich erst in den letzten Jahrhunderten gebildet. Der Alt- und Neu-Bessin wuchsen bis zu 30 m und mehr pro Jahr. Der flache Süden, der Gellen, profitiert ebenfalls von den Anspülungen, auch wenn die Landbildung hier nicht so intensiv vonstatten geht.

Auf dem Rückweg wollen wir uns die Gelegenheit nicht entgehen lassen, einen Teil des neu entstandenen Landes zu erkunden. Ein Weg führt auf dem Alt-Bessin über dreieinhalb Kilometer bis zu einem kleinen Beobachtungsturm an dessen Südspitze. Mit dem Fahrrad sollte dieses Ziel schnell erreicht sein. Wir kommen aber nicht weit, weil ein Gatter den Weg versperrt und die Eroberung nur zu Fuß erlaubt ist.

»Wollen wir es trotzdem angehen?«

»Ja, jetzt oder es wird nie.«

Der Himmel hat sich aufgezogen, die Sonne lädt uns zur Wanderung ein. Der Weg wird von hohem Gras gesäumt, aus dem die wolligen Rücken zahlreicher Schafe wie Farbkleckse auf der Leinwand herausragen. Im Hintergrund erhebt sich der Leuchtturm mit der markanten schiefen Kiefer auf den Bergen. Beides zusammen ist wohl das meistfotografierte Motiv der Insel. Auf weichem Grasboden spazieren wir unbeschwert und Hand in Hand, was wir lange nicht getan haben. Im Alltag ist vieles Gewohnheit, muss schnell hintereinander abgearbeitet werden. Man strebt gemeinsame Ziele an, teilt die Arbeit sinnvoll auf und stimmt sich ab, aber es bleibt oft zu wenig Zeit für bewusste Zweisamkeit, um den Weg tatsächlich Hand in Hand zu gehen.

»Ist das wirklich so«, frage ich im Gespräch.

»Ich glaube, wir haben es manchmal nur verlernt.«

Nach einem zweiten Gatter wird das Gras niedriger und der Weg sandiger. Wir wandern weiter, der Wind bläst kräftig vom Bodden über die Landschaft. Die Landbildung und damit die Vergrößerung des Bessin scheint sich just in diesem Moment zu vollziehen, der Weg wird immer länger, schlängelt sich mal näher am Wasser, mal in größerer Entfernung. Vor 225 Jahren wäre uns hier Gotthard Ludwig Kosegarten entgegengekommen. Der Dichter, Pfarrer von Altenkirchen auf Rügen und Professor der Universität Greifswald besuchte 1792 für zwei Tage die Insel und schrieb später darüber. Er ließ sich damals vom Bug, der westlichen Landzunge der Halbinsel

Wittow im Norden Rügens übersetzen und betrat Hiddensee an der Spitze des Alt-Bessin. Da er vor der Überfahrt bereits auf der Nachbarinsel einen langen Weg zurückgelegt hatte, erschien ihm der Bessin ähnlich endlos wie uns. Für ihn war es das »allerödeste Land«, das er je sah. Die Hitze machte ihm zu schaffen, nicht eine Stelle die Schatten spendete. Der »verwünschte Haken« nahm kein Ende. Nach eineinhalb Stunden hatte sich Kosegarten mit »schmerzendem Haupte« über den Bessin geschleppt und hielt unter den ersten Bäumen eine Ruhe. Dann ging er den Weg durch Grieben bis Kloster, wo er vom dortigen Pastor freundlich empfangen und bewirtet wurde. Seinen Frieden mit Hiddensee machte er noch am selben Abend und am nächsten Morgen auf den Bergen des Dornbuschs an deren »Herrlichkeit der Szene« er sich gar nicht sattsehen konnte.

Am heutigen Tag ist es kühl, der Wind bläst uns die feuchte Seeluft ins Gesicht. Ja, bei drückender Hitze sollte man diesen Weg nicht gehen. Wir lassen gedanklich den erschöpften Wanderer Kosegarten vorbeigehen und erreichen wenig später den kleinen Aussichtsturm am Ende des Alt-Bessin. Aufklappbare Holzläden schützen vor Sturm und ermöglichen die Sicht nach allen Seiten. Wir verweilen einen Moment und treten dann den Rückweg an, den wir als kürzer empfinden. Bevor wir wieder bei den Fahrrädern sind, kommt uns die Schafherde mit zahlreichen Jungtieren entgegen. Wir werden neugierig gemustert, während die Tiere vorbeilaufen. Metallisch glänzende Käfer kreuzen unseren Pfad, eine Vielzahl Vögel zwitschern um die Wette, die Natur ist in steter Bewegung und im Einklang mit denen, die hier leben. In diesem Augenblick sind wir ein Teil davon. Wir erleben das Land mit allen Sinnen, dem würzigen Geruch der Pflanzen mit ihren unzähligen Blüten, wir hören das Rauschen der See, schmecken das salzige Aroma auf den Lippen, spüren den Wind und den weichen Boden unter den Füßen. Wir sehen den flachen Landstrich mit dem niedrigen Strauchwerk und dem ansteigenden Gelände des Dornbuschs im Hintergrund, auf dem weithin sichtbar der Leuchtturm steht. Diese Vielfältigkeit in einer dennoch einfachen Landschaft lässt eine besondere Atmosphäre entstehen, die eine große Anziehungskraft entwickelt.

»Da können wir morgen gleich noch einmal zum Turm wandern«, scherze ich.

»Bestimmt nicht, lass uns essen gehen«, bekomme ich als eindeutige Antwort.

Wir wenden uns den Gaststätten im nahen Grieben zu, von denen es zwei gibt. Zuerst schauen wir in das »Gasthaus zum Enddorn«. Am frühen Abend sind einige Tische noch nicht besetzt, aber alles ist reserviert und wir erhalten keinen Platz. Im benachbarten »Hotel zum Enddorn« werden am Sonntagabend nur Hausgäste bedient, somit fahren wir mit langen Gesichtern und leerem Magen nach Kloster. Am Hafen entscheiden wir uns für »Schillings Hafen Amt«. Hier gibt es freie Plätze. Für das Essen wählen wir den Burger mit dem Fleisch der Rinder von der hauseigenen Öhe-Insel, die gleich gegenüber dem Fährhafen von Schaprode liegt. Die ausgewiesenen Kosten wirken zunächst großzügig kalkuliert, aber nach dem genussvollen Verzehr erscheint der Preis mehr als gerechtfertigt. Betreiber ist der studierte Landwirt Mathias Schilling, der auch in Schaprode einen traditionsreichen Gasthof betreibt. 2006 hat er den Familienbesitz auf der Insel Öhe übernommen. Diese befindet sich seit vielen Jahrhunderten in privatem Besitz. Die dort freilebenden Rinder sind die Basis für das Fleisch der Burger und der Wiener Schnitzel vom Bio-Öhe-Rind. Daneben gibt es Fischgerichte aus frischem Fisch von den Kutterfischern der Region. Manchmal zeigt sich der Chef auch persönlich hinter dem Tresen.

Die Abendsonne zaubert orangerote Farben auf die Hafenkulisse und die Stahlseile der Segelboote schlagen im kräftigen Wind in mannigfaltigem Klappern gegen die Masten der Boote. Das Wasser ist in unruhiger Bewegung. Aus der Gaststube können wir die Leute beobachten, die mit Windjacken und Mützen am Kai entlangbummeln.

»Für den langsamen Start heute morgen haben wir noch ganz schön viel unternommen«, stelle ich fest.

»Ja, das tat gut.«

Beobachtungsturm

Die Vermessung der Insel

Für die Erkundung unbekannter Orte nehmen wir gern Führungen in Anspruch, um die wesentlichen Punkte in kompakter Form zu erfahren. Für die Größe der Insel und der Ortschaften auf Hiddensee ist es erstaunlich, wie viele geführte Touren regelmäßig durchgeführt werden. Heute Morgen regnet es nicht, was die Motivation enorm beflügelt, und wir radeln nach Neuendorf, wo ein kosten-freier Rundgang durch den Ort angeboten wird. Von unserem Hotel führt der »Weiße Weg« südlich von Kloster keine 500 m weit bis zum Kirchweg, der hinter der Düne des Außenstrandes als asphaltierte Straße bis Vitte verläuft. Auf der linken Seite erstrecken sich bis zum Bodden flache Wiesen. Auf halber Strecke erreichen wir eine Gruppe Pferde, die hier ihren Schlafplatz haben. Einige liegen noch ausgestreckt auf dem Boden, andere stehen geduldig daneben oder widmen sich den Blüten und dem grünen Gras der Weide. Ein friedliches Bild. Nach 1,5 km ist das Norderende von Vitte erreicht. Da sich die Insel recht genau in Nord-Süd-Richtung erstreckt, haben sich die Bewohner schon immer an den Himmels-richtungen orientiert. Deshalb gibt es in Vitte ein Norder-ende und ein Süderende. Von hier sind es noch einmal 5 km bis Neuendorf.

Früher bestand der Ort aus zwei Inseldörfern, dem älteren Plogshagen, das auf deutsche Siedler zurückgeht und dem jüngeren Neuendorf, dessen Einwohner in beiden Fällen nichts von den Menschen der Inselmitte oder dem Norden wissen wollten. Diese »Süder« waren schon immer etwas eigen, in ihren Traditionen und in ihrem besonderen Zusammenhalt. Das alte Dorf Glambek nördlich von Neuendorf mit slawischem Ursprung ist bereits im 17. Jahrhundert von den Landkarten verschwunden. Bei der Führung laufen wir vom Hafen rund um den Ort mit seinen weißen, reetgedeckten Häusern, die sich ohne Umzäunung scheinbar ungeordnet auf das flache Land verteilen. Beim genauen Betrachten ergibt sich jedoch eine klare Ordnung, die aus Reihen hintereinanderliegender Gebäude in Ost-West Richtung besteht, um den bevorzugten Winden aus diesen Himmelsrichtungen möglichst wenig Angriffsfläche zu bieten. Das Gelände ist nicht so eben, wie es auf den ersten Blick erscheint. Die Häuser stehen auf Bodenwellen, die durch kleine »Täler« getrennt sind und die Namen wie »Schulberg«, »Plauderberg« oder »Königsberg« tragen. Für uns kaum wahrnehmbar, für die flutengeprüften Bewohner ein entscheidender Umstand. Ein lebensgroßes Paar aus Holz sitzt unter einer Baumgruppe vor einem farbenfrohen Haus auf einer Bank. Bei dem momentan sonnigen Wetter ein schöner Gedanke, hier gemeinsam alt werden zu können.

Wir lernen etwas über die Hausmarken, die an keltische Runen erinnern und viele Häuser zieren. Früher symbolisierten Sie die Familiennamen und dienten zur Kennzeichnung allen Eigentums der Fischerfamilien. Mit der nachfolgenden Generation wurde das Familienzeichen um einen weiteren Strich erweitert, sodass sich auch die Generationenfolge ableiten ließ, einfach aber effektiv.

Das »Gasthaus Freese«, später das »Haus am Meer«, nicht zu verwechseln mit dem gleichnamigen Gebäude in Kloster, wurde bereits vor dem Ersten Weltkrieg erbaut und war die beste Unterkunft im Süden. Hans Fallada war 1931 ein Gast des Hauses. Als er hier weilte, ging es ihm nicht besonders gut. Geldsorgen, eine kranke Frau und der gerade geborene Sohn waren zu viel für ihn. Er flüchtete an die einsamen Strände von Neuendorf, genoss reichlich Alkohol und schrieb wie besessen an seinem späteren Welterfolg »Kleiner Mann – was nun?«. Der Flachbau des ehemaligen Hotels versteckt sich heute leerstehend mit bröckelnder Fassade hinter einigen Bäumen.

An unserem Rundgang hängen wir gleich noch einen Besuch des Fischereimuseums an, das sich im Gebäude der sanierten »Lütt-Partie«, einem Reusenschuppen der damaligen Fischer befindet. Der Gemeinschaftssinn war bei den Südern sehr ausgeprägt und die Fischer schlossen sich zu Arbeitsgemeinschaften, sogenannten Partien zusammen, von denen es die große und kleine, »de groot Parti« und »de lütt Parti« gab. Jede Gruppe hatte einen eigenen Schuppen für die Arbeitsgeräte. Hier teilte man auch das gemeinsam erwirtschaftete Geld auf. Die Erläuterungen im Museum kommen von einem echten Fischer, der nicht nur die alten Fischereigeräte und Fangmethoden erklärt, sondern auch aus dem früheren Leben berichtet. Der Verdacht, dass bei den Geschichten ein wenig Seemannsgarn dabei ist, kommt uns beim Bericht vom Fund des Goldschatzes auf Hiddensee. Von dessen Existenz hatten wir bereits gelesen. Die heute im Stralsunder Museum aufbewahrten 16 Teile eines sehr fein gearbeiteten Wikingerschmucks sind über 1.000 Jahre alt und wurden im Zeitraum von 1872 bis 1874 zusammengetragen. Unser Führer im Fischereimuseum ist fest davon überzeugt, dass der Schatz von einem 1872 vor Neuendorf gestrandeten Kutter stammte und in einer spektakulären Aktion vom Schiff geraubt wurde. Tatsächlich ist die Geschichte des Schatzfundes nicht eindeutig aufgeklärt, sodass sie auch heute Raum für Spekulationen lässt.

Vor dem Museum ist die Legende von der Entstehung der Insel in Holzfiguren festgehalten. Entsprechend der Sage wurde ein Mönch auf der Suche nach einem Nachtlager von Mutter Hidden aus Geiz abgewiesen, dagegen von Mutter Vidden bewirtet. Als Dank ließ der Mönch ihre erste Arbeit des nächsten Tages im Überfluss gelingen. Da sie als erstes eine Rolle Leinen messen wollte, nahm der Stoff kein Ende und sie wurde reich. Das wollte auch Mutter Hidden erreichen und bot dem Mönch bei seinem folgenden Besuch ihre Gastfreundschaft an. Am nächsten Morgen wollte sie als erstes ihr Geld zählen, um es ebenfalls im Überfluss zu haben. Damit sie dabei nichts störte, schöpfte sie für ihre Kuh schnell noch etwas Wasser. Die Belohnung erfüllte sich somit für diese Tätigkeit und Mutter Hidden schöpfte so viel Wasser, dass Hiddensee eine Insel wurde. So die Kurzfassung. Der Künstler der Figuren vor dem Museum hat das Wasserschöpfen von Mutter Hidden durch ihr erstes Geschäft ersetzt, das sie vor dem Geldzählen verrichtete. In der Darstellung hockt Mutter Hidden deshalb neben dem Museum und soll auf diese Weise für das viele Wasser um die Insel verantwortlich sein. Literarisch wird Hiddensee bereits in der »Edda« erwähnt, einem altisländischen Heldenlied aus dem 13. Jahrhundert.

Inzwischen ist es Mittag geworden und die Kapazität unserer Informationsaufnahme erschöpft.

»Ich habe Hunger!« werfe ich ein.

»Ich auch. Die Gaststätte Boje, wo wir vorhin vorbeigekommen sind, sah vielversprechend aus.«

»Dann lass uns dort essen gehen.«

Als Nachtisch einer sehr guten Fischmahlzeit genehmigen wir uns ein Eis am Hafen, wo ohnehin unsere Fahrräder geparkt sind. Neuendorf erhielt erst 1928 eine Landungsstelle mit Bollwerk. Eine Sanierung erfolgte 1999.

Obwohl der Wind ordentlich an Stärke zugelegt hat, fahren wir weiter nach Süden. Ziel ist der südlichste, erreichbare Punkt der Insel. Die Südspitze ist Vogelschutzgebiet, dahin werden wir nicht gelangen, aber wenigstens bis zum Ende des Weges, wenn wir schon einmal hier im Süden sind. Solange der Weg im Wald verläuft, fährt es sich ganz gut, dann wird das Land offener, die Bäume reduzieren sich auf einen schmalen Streifen hinter dem Strand und wir kommen trotz kräftigem Treten kaum vorwärts. Am »Süderleuchtturm«, einem kleinen, 12 m hohem Leuchtturm der 1905 errichtet wurde, streikt meine Frau:

»Du kannst machen was du willst, aber ich fahre nicht weiter.«

Der Weg über die Düne neben dem Leuchtturm gleicht einem Gletscher aus Sand, der sich als dicke Schicht in das Landesinnere ergießt. Wir stampfen durch den weichen Untergrund. Oben auf der Düne peitscht uns ein Sandsturm entgegen, dass wir kaum etwas sehen. Wie durch eine Düse bahnt sich der Wind mit schneidender Schärfe seinen Weg über dieses offene Stück. Wir lassen uns am

Wasser eine Weile »Sandstrahlen« und treten dann den Rückweg an.

»Heute macht das Weiterfahren wirklich keinen Sinn. Aber ich fahre auf jeden Fall noch einmal bis ganz nach Süden«, sage ich mit Bestimmtheit.

»Wir werden sehen.«

Da der Wind von Westen, also auf der Rückfahrt von der Seite kommt, ist er keine Unterstützung. Wir kämpfen uns voran. Reichlich 2 km vom kleinen Leuchtturm bis Neuendorf, weitere drei bis zum Hotel Heiderose, nochmals zwei bis Vitte. Das letzte Stück bis Kloster ist dann schnell gefahren. Zusammen sind es 10 km, viel größer ist die Insel nicht. Nach der Ankunft genehmigen wir uns eine Ruhepause auf dem Zimmer, bevor wir im Haus »Hiddensee« zu Abend essen.

»Für heute bin ich geschafft und mache nichts mehr. Informationen und die viele frische Seeluft sind ganz schön anstregend.« Mit diesen Worten definiert meine Frau ihre Abendgestaltung.

»Dann gehe ich noch etwas Fotografieren.«

»Das kannst du gern machen, ich schaue mir dann die Bilder später an.«

Die Sonne verspricht einen schönen Sonnenuntergang, deshalb schultere ich die Fotosachen und laufe nochmals an den Strand. Das Fotografieren auf gemeinsamen Spaziergängen fordert meiner Frau immer einige Geduld ab, wenn ich ewig mit den Einstellungen experimentiere. Deshalb gehe ich auch gern mal allein und lasse mir Zeit. Am Strand gibt es noch einige wenige Besucher, drei wagen sogar ein Bad in der Ostsee, andere bummeln am Wasser entlang. Einzelne haben in ihrem gemieteten Strandkorb Platz genommen. Durch den aufgeschichteten

Steinwall am Ufer, der die Insel vor weiterem Landverlust schützen soll, ist der Zugang zum Wasser nur an bestimmten Bereichen möglich. Die großen und wahllos übereinandergeschichteten Steine stellen nicht nur für das Meer eine fast unüberwindbare Hürde dar. Dafür bietet der Wall am Strand etwas Windschutz, denn es herrscht noch immer ein kräftiger Westwind. Ich suche hinter einem Strandkorb Schutz vor dem Wind für mich und meine Technik.

Sonnenuntergänge am Meer haben eine besondere Anziehungskraft, um das Naturschauspiel immer wieder anzuschauen. Vielleicht liegt es daran, dass die drei Elemente Land, Wasser und Sonne unser Leben auf diesem Planeten bestimmen. Land und Wasser im ewigen Kampf und die Sonne davon unberührt am hohen Himmel als lebensnotwendiger Energiespender.

Als der Mensch in früheren Zeiten die Natur nur beobachtete und von den physikalischen Zusammenhängen noch nichts wusste, glaubte man aufgrund der Erfahrungen an die beständige Wiederkehr und Gleichmäßigkeit der natürlichen Vorgänge. Der Glauben musste immer dann einspringen, wenn das Wissen fehlte oder nicht ausreichend war. Er schuf Vertrauen gegenüber dem Unbekannten. Heute sind unsere Kenntnisse um ein Vielfaches größer, dennoch bleibt mir nur der Glaube, dass man an dieser Stelle auch in vielen Jahren noch auf den Sonnenuntergang warten kann. Hier an den Ausläufern des Dornbuschs, wo die Berge mit ihrer Steilküste allmählich in das flache Land der restlichen Insel übergehen, würden die Fluten bei steigendem Wasserspiegel durch den Klimawandel angreifen. Zuerst werden die Ebenen überflutet, danach würde das Wasser an dem verbleibenden Bergmassiv nagen, bis auch das endgültig abgetragen ist.

Bei diesen Gedanken konkurrieren Glauben und Wissen. Im Grunde wissen wir, dass etwas passieren wird, aber wir glauben, dass wir das Problem rechtzeitig lösen werden. Die Inseln im Pazifik kämpfen bereits jetzt um das Überleben. Weit ist es bis zum Stillen Ozean, doch das Meer verbindet uns mit den fernen Ländern, die Gefahren bedrohen auch uns. Die neuen Dämme um die Ortschaften auf Hiddensee schützen heute besser als in vergangenen Zeiten. Dennoch ist es nur ein Aufschub und der Glaube scheitert, wenn wir denken, die Natur mit Grenzwerten regeln zu können. Am heutigen Tag haben wir fast die ganze Insel durchmessen und ein Gefühl für die Endlichkeit dieses kleinen Landes erfahren.

Man kommt auf viele Gedanken, wenn man geduldig auf den Moment wartet, an dem die Sonne in die Fluten taucht. Nach einiger Zeit ist es dann soweit, aber der Sonnenuntergang ist nicht perfekt. Auf dem letzten Stück wird die Sonne durch einen Wolkenschleier verdeckt, bevor sie hinter der Horizontlinie des Meeres verschwindet. Das ist an der Ostsee häufig der Fall. Ein Feuerball, der scheinbar in das Wasser eintaucht, ist hier eher selten. Die Himmelsfärbung ist kräftig und wandelt sich allmählich von einem gleißenden Gelb zu einem erdigen dunklen Orange. Unabhängig der ernsten Gedanken hat die Wartezeit den Geist beruhigt, die Sinne befriedigt und dem Tag einen würdigen und realen Abschluss gegeben. Unvorstellbar erscheint es, dass sich dieses Schauspiel der Natur regelmäßig wiederholt, während man die Abende des Alltags in Räumen und vor diversen Geräten der Unterhaltungsindustrie verbringt.

»Und wie war die Fotoausbeute, hat es sich gelohnt?« fragt meine Frau bei meiner Rückkehr.

»Kein perfekter Sonnenuntergang, aber ein schönes Farbenspiel am Himmel. Und Hiddensee liegt nicht im Pazifik, aber es ist nicht weit bis dorthin.«

»Das klingt wieder nach philosophischen Gedanken. Muss ich das jetzt verstehen?« fragt meine Frau.

»Nein, alles ist gut, ich habe nur daran gedacht, was passiert, wenn der Meeresspiegel tatsächlich stark ansteigen wird. Lass uns lieber die Bilder anschauen.«

Süderleuchtturm

Ein Kämpfer für die Insel

Am nächsten Morgen nehmen wir früh den Luxus eines Bades im hauseigenen Pool wahr. Das »Appartementhaus Dornbusch« verfügt als einziges Haus auf Hiddensee über ein Schwimmbad. Auf der Insel muss mit dem Trinkwasser bewusst umgegangen werden. Dieses stammt aus Tiefbrunnen, die ein Süßwasservorkommen unter dem Land anzapfen. Die Fördermenge kann den Bedarf gut versorgen, ein Ausbau der Kapazitäten ist aber nicht möglich. Deshalb genehmigt man keine weiteren Schwimmbäder in den Hotels. Das Haus kooperiert mit der Schule und ermöglicht im Winterhalbjahr die Nutzung des Bades durch die Schulklassen im Rahmen des Schwimmunterrichts. Dadurch ist das Becken für einen Hauspool ungewöhnlich groß ausgefallen, was uns natürlich freut. Heute ist es vor acht Uhr. Wir sind die einzigen Gäste und ziehen ein paar ruhige Bahnen.

Nach dem Frühstück wandern wir zum Leuchtturm, denn am vierten Tag wird es langsam Zeit, dem Wahrzeichen der Insel einen Besuch abzustatten. Ausgangspunkt ist die Wegkreuzung hinter dem ehemaligen Klostergelände. Hier am Ortsteich laufen die Wege vom Hafen und der Hauptweg von der Kirche zusammen und führen Richtung Grieben und weiter zum Enddorn sowie auf einem Betonplattenweg auf den Dornbusch zum Leuchtturm. Ein großer Wegweiser mit Entfernungsangaben informiert den Wanderwilligen. Wir kommen zunächst an einem Gehöft vorbei, wo abends die Planwagen stehen, mit denen tagsüber Touristen über die Insel gefahren werden. Gesäumt ist der Weg von eingezäunten Wiesen, die den Pferden freien Auslauf und Futter bieten. Danach säumen niedrige Bäume den Weg, der außerhalb des Ortes allmählich ansteigt. Ein Stück weiter ermöglicht ein baumfreies Plateau den berühmten »Inselblick«. Tausende Male fotografiert, gemalt und beschrieben, liegt dem Betrachter das flache Land des Eilandes zu Füßen. Man blickt auf die Ortschaften Kloster, Vitte und in der Ferne Neuendorf, das Wasser der Ostsee auf der einen und das Boddenwasser auf der anderen Seite und am Horizont die Kirchtürme von Stralsund. Zeit zum Verschnaufen, Rasten und Genießen. Der Blick über die Landschaft unterhalb des hügeligen Dornbuschs macht die Größe der Insel greifbar und zeigt zugleich deren natürliche Grenzen und Endlichkeit. Der hohe Himmel erzeugt ein Gefühl der Weite und Höhe, ein kleines Land unter einem endlosen klaren Firmament. Vor einigen hundert Jahren war ein Großteil der Gegend bewaldet, im Süden erstreckten sich Eichenwälder, in denen Hirsche lebten. Namen wie Harte Ort nördlich von Vitte im Zentrum der Insel bezeichnen im Mittelniederdeutschen einen Ort für Hirsche. Gellen, wie der südliche Teil genannt wird, bedeutet im Slawischen ebenfalls Hirsch.

Die Natur auf der Insel war bei Unwettern nicht nur den Gewalten des Meeres ausgeliefert. Auch der Mensch hat sich genommen, was er brauchte und vernichtet, was er nicht haben wollte oder anderen verwehrte. So wird dem Heerführer Wallenstein zugeschrieben, im Dreißig-jährigen Krieg des frühen 17. Jahrhunderts den Wald abgebrannt zu haben, um den dänischen Feinden zu schaden. Große Teile der Bäume waren aber wahrschein-lich schon vor dieser Zeit abgeholzt worden, um sie für den Hausbau, zum Heizen oder für den Bootsbau zu nutzen. Das Leuchtfeuer, was die Mönche nach der

Klostergründung im Süden errichteten, benötigte ebenfalls eine beachtliche Menge Holz. Am Ausgang des 18. Jahrhunderts wird das Eiland als baumloser Sandhaufen beschrieben. Pläne und Empfehlungen zur Aufforstung gab es bereits zu dieser Zeit, die allerdings nicht umgesetzt wurden. Der heutige Wald auf dem Dornbusch ist das Ergebnis von Anpflanzungen am Ende des 19. Jahrhunderts. Egal was der Mensch der Insel zum Guten oder Schlechten angetan hat, das Land ist endlich, wie die Erde in ihrer Gesamtheit. Beim Blick von hier oben über das begrenzte Gebiet festen Bodens wird die Sinnlosigkeit sichtbar und deutlich, nach immer mehr zu streben. Man kann Formen, Aufbau und Zusammensetzung verändern, Grenzen verschieben, Besitz umverteilen und natürliche Prozesse der Landveränderung verzögern oder beschleunigen, am Ende bleibt das Verfügbare in Summe gleich. Bedeutungsvoll ist nur, wie sinnvoll und bewusst wir das Wenige nutzen. Umso schöner ist es, von hier oben zu sehen, dass zumindest einem Bauwahn nicht bedingungslos nachgegeben wurde. Die Bebauung ist eingeschränkt und weitestgehend ursprünglich. Der Natur wird Raum gegeben und sie wird nur in die Schranken verwiesen, wo es unbedingt notwendig ist.

Von diesem Aussichtspunkt sind es keine 300 m, bis sich ein Blick auf den Leuchtturm bietet. Hinter einer kleinen Senke thront er auf einem Berg namens Schluckswiek gleich neben dem Bakenberg, der mit mehr als 72 m der höchste Punkt der Insel ist. Der Name stammt von einer Feuerbake, die in früheren Kriegszeiten hier stand. Bei Sichtung feindlicher Truppen wurde eine Teertonne angezündet, die auf einem dicken Pfahl montiert war. Der heutige Leuchtturm aus dem Jahr 1888 hat eine Höhe von 27,5 m. Der ursprüngliche Klinkerbau wurde Ende der 1920er Jahre durch einen Stahlbetonmantel gestützt. Seit dessen Errichtung waren Leutturmwärter für den Betrieb der komplizierten Apparatur verantwortlich. Erst 1998 beendete das letzte Leuchtturmwärter-Ehepaar Deutschlands den Dienst hier vor Ort. Seitdem wird das Leuchtfeuer vollautomatisch gesteuert und nur monatlich gewartet. Jetzt können die Touristen für wenige Euro Eintritt die 102 Stufen bis zur Plattform erklimmen und die Aussicht über die ganze Insel genießen. Aus 100 m Höhe über dem Meer kann man ungehindert nach allen Seiten blicken, auf Hiddensee, die Ostsee, den Bodden und Rügen. Bei uns kommt allerdings keine romantische Stimmung auf. Wir werden von den maximal 15 Besuchern, die gleichzeitig aufsteigen dürfen, gestikulierend und fotografierend auf der kleinen Aussichtsplattform einmal rundherum geschoben.

Unweit des Turms steht die berühmte schiefe Kiefer, unter deren Ästen der Leuchtturm ein fotografisches Pflichtmotiv abgibt, was auf nahezu jeder Postkarte und jedem Buch zu finden ist. Nach diesem touristischen Standardprogramm gehen wir den Weg hinter der Kiefer weiter und kommen zur Gaststätte und Pension »Zum

Klausner«, einer Ausflugsgaststätte mit großem Biergarten. Im Haus und in schönen Ferienhäusern im Wald stehen auch Übernachtungsmöglichkeiten zur Verfügung. Wir essen »Hering anders«, was sich auf die Zubereitung des Fischs in einem knusprigen Teigmantel bezieht, die Mahlzeit verzehren wir dagegen ganz »normal«.

Die Geschichte dieser Stelle auf dem Dornbusch ist eng mit dem Wirken von Alexander Ettenburg verbunden, der 1888 erstmals auf Hiddensee war. In Grieben erwarb er ein einfaches Fischerhaus und baute dieses zur »Schwedischen Bauernschänke« um. Später eröffnete er in der Nähe des Leuchtturms das Gasthaus »Bergwaldschänke«, das aus einer Reihe hölzerner Gebäude bestand. Hier oben auf dem Dornbusch schuf er sich sein naturverbundenes »Reich«, das außer der Schänke, ein Poetenstübchen, Wohnlauben aus dünnen Brettern und Schilfrohr sowie ein »Mausoleum« umfasste, in dem er neben einem Sarg auch Utensilien für seine Beerdigung aufbewahrte. In der Einsiedlertracht, die ihn wie einen Mönch aussehen ließ, war er eine sehr ungewöhnliche Erscheinung, die zur damaligen Zeit für reichlich Gesprächsstoff sorgte. In der nahen Schlucht errichtete er ein Naturtheater, um dort die selbst geschriebenen Inszenierungen aufzuführen. Er war nach eigener Darstellung »Direktor«, »Regisseur«, »Schauspieler«, »Kostüm-Schneider«, »Ober-Garderobier« und »Theater-Friseur«. Die Uraufführung des Stückes Swantewits Fall im Jahr 1900 verhalf dem romantischen Fleckchen Erde zum heutigen Namen Swantewitschlucht.

Hiddensee war zu dieser Zeit touristisch fast unbekannt und zählte gerade einmal 300 Besucher im Jahr. Im Bemühen, die Insel zu bewerben, und für Gäste interessant zu machen, schrieb Ettenburg Bücher über Hiddensee, die er im Selbstverlag veröffentlichte. Im Winter tourte er als Vortragsreisender durch Deutschland, Schweden und Finnland und übertrug seine Begeisterung für das kleine Eiland auf die Zuhörer. Mit dem Wunsch zur Einrichtung eines Kinderkrankenhauses auf Hiddensee wandte er sich mehrfach vergeblich an die Kaiserin.

Vor allem Künstler folgten seinem Ruf, um in der Abgeschiedenheit der Insel ohne Luxus und Bequemlichkeit einen günstigen und naturverbundenen Sommerurlaub zu verbringen. Wegen seiner eigenwilligen Art wurde Ettenburg aber missverstanden und als etwas verrückt wahrgenommen. Die Bretterbuden auf dem Dornbusch entsprachen nicht dem »Ostseebad der Zukunft«, das er immer wieder anpries. Dem »Einsiedler von Hiddensee«, wie sich Ettenburg selbst bezeichnete, wurden nach 1910 die Rechte für den Gastbetrieb auf dem Dornbusch entzogen. Stattdessen erwarb der Berliner Geschäftsmann Emil Hirsekorn das Gelände und ließ dort die Pension »Zum Klausner« bauen. Ettenburg musste seine Gebäude abreißen. Danach errichtete er die »Einsiedelei Mathilde« südlich von Vitte als kleine Gastwirtschaft und zog mit dem Hausrat von den Bergen in die neue Unterkunft. In der Saison schlief er auf seinem Sargdeckel, wie er selbst berichtete. Durch den Ersten Weltkrieg kamen kaum noch Gäste auf die Insel. Ettenburg verarmte endgültig und starb vergrämt 1919 im Alter von 61 Jahren im Krankenhaus in Stralsund. Die Urne seiner Asche ging auf dem Weg nach Hiddensee unter ungeklärten Umständen verloren. So blieb es ihm verwehrt, auf dem geliebten Eiland die letzte Ruhe zu finden.

Welchen Anteil Alexander Ettenburg am touristischen Aufschwung von Hiddensee tatsächlich hatte, ist heute schwer abzuschätzen. Seine vielen Vorträge während der Wintermonate in den großen Städten, haben sicher nicht immer ihre Wirkung verfehlt und manchen Gast, vor allem aber Künstler auf die Insel gelockt. In deren Kreisen propagierte man den besonderen Flair von Hiddensee und die Entwicklung nahm ihren Selbstlauf. Was bleibt, ist der beeindruckende Wille und die Begeisterung Ettenburgs für die selbstgesetzten Ziele und Ideale, unabhängig der gesellschaftlichen Normen und gegen die Widerstände derer, die seine Absichten und die Vorteile für die Insel verkannt und unterschätzt haben. Damit ringt uns das Schicksal dieses Mannes einige Bewunderung ab, auch wenn er ein Exzentriker und sehr eigenwilliger Kauz war. Um die persönlichen Lebensvorstellungen zu verwirklichen, nahm er einen beständiger Abstieg vom Sohn eines schlesischen Großgrundbesitzers zum verarmten Trinker in Kauf. Ich stelle mir die Frage, in welchem Umfang man sich selbst den heutigen »Normen« widersetzen würde, um seinen eigenen Idealen zu entsprechen, und die Antwort fällt ernüchternd aus. Wie viel Courage bringen wir auf, offensichtlich falschen Ansichten aktiv zu widersprechen?

Nach dem Essen lassen wir uns von der romantischen Schlucht gleich hinter den Ferienhäusern der Gastwirtschaft verzaubern. Es ist tatsächlich ein herrlicher Anblick, von oben über die zerklüfteten Abhänge zu blicken, die teils bewaldet, teils als kahle Sandböschungen bis zum Meer abfallen. Treppenstufen führen durch einen verwunschen scheinenden Wald bis zum Strand. Entgegen dem gut besuchten Biergarten wirkt die momentan menschenleere Bucht wie aus einer anderen Welt. Wir lassen den von Steinen übersäten Uferstreifen, die teilweise bewachsenen Hänge der Swantewitschlucht und das Meeresrauschen auf uns wirken. Sicher ist hier schon Alexander Ettenburg vor über einhundert Jahren entlanggewandert, die Einsamkeit suchend, wenn er wieder einmal von seinen Hiddenseern falsch verstanden wurde.

Die gewaltige Steilküste wirkt wie ein Schutzwall zum dahinter liegenden Rest der Welt, das Meer vor uns bietet Raum zum Atmen. Auf den wenigen Metern Erde am äußersten Rand dieses Teils von Deutschland scheinen die heutigen Probleme des Landes fern zu sein. Hier unten befinden wir uns geschützt in einer eigenen Sphäre aus Sand, Steinen, Wasser und Himmel. Es ist friedlich und sicher, alles scheint an seinem Platz zu sein, unverrückbar und beständig. Nur bei genauer Beobachtung lässt sich eine Gefahr erkennen, wenn die Wellen beharrlich, unermüdlich und gleichmäßig gegen das Ufer spülen. Jeder Wellenschlag trägt winzige Sandkörner davon, untergräbt größere Steine und bedroht am Ende die Küste, das ganze Land. Bei kräftigen Stürmen sind wir achtsam, wir hätten uns niemals auf diesen schmalen Streifen begehbarer Erde begeben, die Gefahren wären sichtbar und würden uns zur Vorsicht mahnen. Aber an einem solchen Tag wie heute, an dem die Welt einfach, geordnet und verständlich erscheint, kann man das Wirken bedrohender Kräfte leicht übersehen. Hier in der Abgeschiedenheit reduziert sich das komplizierte Leben auf die wesentlichen Dinge und wir haben die Zeit, uns auch auf die Sandkörner zwischen den Steinen zu konzentrieren. Diese Zeit sollten wir uns im Alltag häufiger nehmen.

Etwas verunsichert aber gedanklich geordnet, entdecke ich ein kleines Steinmännchen. Es hat an dieser Stelle keinen wirklichen Nutzen und löst nicht die Probleme dieser Welt, dennoch hinterlässt es reale Spuren eines Unbekannten, der hier war. In Gedanken frage ich mich, ob wir tatsächlich etwas im Leben hinterlassen werden, schließlich ist man auch nur ein Sandkorn in dieser Welt. Aber es ist wohl vernünftiger, aus dem Bild der friedlichen Küste Kraft für die Zeit nach dem Urlaub zu schöpfen, anstatt immer alles infrage zu stellen.

Wir sammeln einige Muscheln und Steine und erklimmen anschließend die Stufen in der Schlucht, die uns zurück zur Touristenwelt rund um den Gasthof führen.

Treppe in der Swantewitschlucht

Für den Rückweg nach Kloster wählen wir den Hochuferweg, der sich oberhalb der Steilküste durch den niedrigen Mischwald schlängelt. Immer wieder haben wir Ausblicke auf die See und die Küstenlinie. Fast urwaldartig versuchen die Bäume mit einem Gewirr aus Wurzeln und Ästen, im sandigen Boden Halt und Nährstoffe zu finden. Der Weg führt bis zur zweiten Treppe an der Steilküste, die den Abstieg von Kloster zur See ermöglicht.

Am Nachmittag gehen wir an den Strand. Die Sonne scheint, und da man bei der Wetterlage nicht weiß wie lange, packen wir zwei Badehandtücher und die mitgebrachte Strandmuschel ein, deren Aufbau die Beständigkeit unserer Ehe testet. Drei zusammengesteckte Glasfiberstäbe müssen in die richtigen Laschen gefädelt und am Boden befestigt werden, damit der kräftige Westwind der Behausung nichts anhaben kann, die derzeit noch formlos im Wind weht.

»Wir hätten doch die Wurfmuschel nehmen sollen, dann wären wir jetzt schon fertig«, sagt meine Frau.

»Das kann doch nicht so schwer sein«, meine ich und schiebe einen der Stäbe in eine andere Lasche.

»Wir könnten auch die Beschreibung lesen.«

»Ach was, für die drei Stäbe brauchen wir doch keine Beschreibung«, behaupte ich stur, wie das Männern so eigen ist.

Wir drehen das Gebilde noch einige Male hin und her. Irgendwann passt es, der Aufbau ist vollbracht und wir liegen windgeschützt, aber ohne Blick aufs Meer in unserer Höhle. Das Meeresrauschen und der gleichmäßige Wind wiegen uns in einen angenehmen Nachmittagsschlaf.

Auf der Suche nach Gott

Am folgenden Morgen nehme ich das Projekt Bäcker in Angriff. Kurz vor acht Uhr laufe ich die rund 300 m bis zum Laden am Kirchweg. Eine Menschenreihe bis zur Straße zeigt unmissverständlich, dass mein Wunsch nach frischen Brötchen kein Einzelfall ist. Ich stelle mich an das Ende der Reihe. Kurze Zeit später stehen weitere Kunden hinter mir. Die feuchte Morgenluft ist kühl, aber es regnet wenigstens nicht. Der typische Geruch von Backwaren zieht mit dem leichten Wind an der Gruppe Wartender entlang und lässt auf eine reiche Auswahl im Laden hoffen. Zwei Kinder weiter vorn albern herum und necken sich gegenseitig. Das größere Mädchen hat Geld in der Hand, der kleinere Junge, vermutlich der Bruder, versucht mit dem mitgebrachten Stoffbeutel die Schwester zu treffen. Beide haben ihren Spaß. Für die Eltern ist es praktisch, wenn man den Nachwuchs losschicken kann. Außer den Brötchen zum Frühstück hat man noch ein wenig Ruhe. Da können die Sprösslinge mal etwas zurückgeben, für die viele Liebe, die sie hoffentlich erhalten. Niemand stört sich an dem Gezeter, es ist eine Abwechslung im geduldigen Stehen. Ich denke an die eigene Kindheit. Was hat man da nicht alles allein erledigt und unternommen, auf Schulwegen, zum Einkaufen oder beim Spielen. Wer schickt in der Großstadt seine fünf- bis siebenjährigen Kinder heute noch allein zum Bäcker? Für den Moment fühle ich mich wohl in der Gemeinschaft, keiner drängelt, die Umgebung ist friedlich, sicher und geordnet. Dem Anstehen kann man also auch etwas Positives abgewinnen, zumindest wenn man ausreichend Zeit hat.

Mit jedem tütenbeladenen Kunden, der aus dem Laden kommt und zu Fuß oder mit dem Rad den Rückweg antritt, rückt die Reihe ein Stück nach vorn. Langsam wird es kühl und es ist angenehm, die feuchtwarme Ladenluft am Eingang zu spüren. Die junge Verkäuferin hinter den Auslagen befördert mit einer fast mechanischen Gleichmäßigkeit die Brötchen, Kuchen und Brote in die passenden Tüten. Da ich von der Tür die Schilder an den Kuchenblechen noch nicht lesen kann, bleibt mir nur die Abwechslung, den Verkaufsprozess zu beobachten. Am Ladentisch wird Kuchen geordert und eine große Tüte wird mit einer rechteckigen Pappe ausgestattet, auf der das Stück platziert wird. Die Erwartung einer umfangreicheren Bestellung scheint dann allerdings nicht erfüllt zu werden. Die Pappe samt Kuchen wird wieder aus der Tüte genommen und in einer kleineren verstaut. In die große Tüte kommen danach Brötchen. Geld hin, Ware her, eins vorrücken und der Bestückungsprozess beginnt von vorn. Die herumalbernden Kinder sind fast dran, haben sich beruhigt und auf die Bestellung konzentriert.

Ich denke an die Einkäufe im Alltag, an das Checken der einzelnen Wagenfüllungen an den zehn Kassen im Supermarkt, das Abwägen, ob eine größere Zahl an Einkaufswagen mit wenig Inhalt schneller abkassiert werden, als wenige Wagen mit viel Inhalt. Die blitzschnelle Entscheidung, bevor nachströmende Kunden die Berechnung zunichtemachen. Dann die Feststellung, doch an der falschen Kasse zu stehen, womöglich dort zu warten, wo die Kassiererin nach dem Telefonhörer greift, was einer Katastrophe gleichkommt. Ungeduld und Blutdruck eifern um den höchsten Pegel. Ich bin froh, dass es hier nur eine Reihe gibt und ich mich nicht entscheiden muss.

Wieder geht eine Tüte über den Tresen. Ich werde als nächster bedient und ordere zwei doppelte Brötchen und zwei Stück Kuchen. Dank meiner Ankündigung der konkreten Anzahl erspare ich der jungen Dame das Umpacken und den Nachfolgenden das Warten. Aber eigentlich spielt die Zeit keine Rolle. Mit den erstandenen Backwaren gehe ich zügig den Rückweg durch die frische Morgenluft.

Im Anschluss an das Frühstück nehmen wir die Räder und fahren nach Vitte. Elf Uhr gibt es eine Ortsführung. Von der Touristinformation am Hafen wandern wir mit knapp fünfzehn Interessierten zwei Stunden durch den Ort. Unsere Führerin stammt aus Chemnitz, was in uns heimatliche Gefühle weckt, und manch anderen sicher schmunzeln lässt, wenn er hier im Norden den unverkennbaren Dialekt hört.

»Die Sachsen sind überall«, flüstere ich leise.

Wir erfahren eine Menge über den Ort, über den Ausbau des Hafens, der 1993 umfassend rekonstruiert und 2004 mit einer neuen Seetankstelle ausgestattet wurde, von der neuen Kinohalle am Hafen und von der Schule, in der immer zwei Klassen zusammen unterrichtet werden. 1840 wurde das erste Schulhaus in Kloster eröffnet, seit 1887 gibt es das massive Schulgebäude in Vitte. Wir hören von der »Blauen Scheune« und dem »Karusel« der berühmten Stummfilmschauspielerin Asta Nielsen. Die letzte Sandaufspülung am Strand wird kritisch ausgewertet, weil der verwendete Sand zu fein ist und die Häuser und Wege hinter der Düne zugeweht werden. Wir beschauen verständnislos das verfallene Gebäude des ehemaligen »Hotel zur Ostsee« an der markantesten Stelle im Ort, bei dem bisher alle Investitionsversuche und die vernünftigen Auflagen einer denkmalgerechten Sanierung nicht in Einklang zu bringen waren. 1906 wurde das imposante Haus mit dem Turmaufbau gebaut, davor stand an diesem Platz eine kleine Gastwirtschaft. Das Hotel bewarb »25 geräumige hohe Zimmer« mit voller Pension für 6.- Mark pro Zimmer. Heute lässt das Haupt-haus mit seiner sanierungsbedürftigen Fassade zweifellos ein architektonisches Potential erkennen, die angebauten Speise- und Gesellschaftsräume gleichen einer Ruine. An der bröckelnden Vorderseite vergeht langsam der Schrift-zug »FDGB Erholungsheim zur Ostsee«, was das ehema-lige Hotel zur Zeit der DDR war. Ansonsten ist Vitte ein gepflegter Ort, obwohl die zahlreichen neuen Ferienhäu-ser im Ort und auf den Wiesen des Süderendes nicht jeden Geschmack treffen und einigen missfallen. Wenn man heute von einem Zentrum der Insel sprechen kann, so trifft das auf Vitte am ehesten zu. Hier befinden sich die Gemeindeverwaltung, die Arztpraxis, die Schule, eine Kaufhalle, Kino, Sparkasse und eine Polizeistation.

Ehemaliges
Hotel zur Ostsee

Auch früher war Vitte der größte Ort der Insel, gleichzeitig aber von der Armut und Leibeigenschaft besonders hart betroffen. Kaum vorstellbar sind die Lebensverhältnisse, die noch im 19. Jahrhundert bei den Bewohnern des Dorfes in ihren Räucherkaten auf einem baumlosen Land herrschten. Die Häuser aus wenigen Holzständern und Natursteinen waren mit Torf, Rasen und Moos notdürftig abgedichtet, die Strohdächer undicht, mit Rasenstücken und Seegras geflickt und mit Netzen zusammengehalten. Den Hütten fehlte der Kamin, wodurch sich der Rauch des offenen Feuers nur langsam durch die Ritzen und Öffnungen verflüchtigen konnte. Dieser war sehr stark und von beißendem Geruch. Seit dem Dreißigjährigen Krieg gab es auf der Insel kein Holz und man verfeuerte Heidekraut, schlecht brennenden Torf und getrockneten Kuhmist. Der Gestank wurde verstärkt durch die geräucherten Fische oder die Tiere, die im hinteren Teil der Hütten untergebracht waren. Oft wohnten in den Katen mehrere Familien. Auch das Trinkwasser aus den flachen Brunnen war von minderer Qualität, von gelblicher Farbe und salzig im Geschmack. Einen Arzt gab es überhaupt nicht und falsche Ferndiagnosen führten zu Cholera- und Diphtherie-Epidemien, bei denen zahlreiche Menschen starben. Zur gleichen Zeit entwickelte sich im Vergleich Berlin zur Millionenstadt mit großen Geschäfts- und Wohnhäusern und dem prächtigen Schloss im Zentrum.

Die vielen verschiedenen Besitzer von Hiddensee erwarben die Insel meist in ihrer Gesamtheit. Sie änderten an den harten und elenden Lebensverhältnissen der Bewohner nur wenig. Nach dem Dreißigjährigen Krieg gehörte Hiddensee von 1648 bis 1815 zum schwedischen Herrschaftsbereich mit wechselnden Eigentümern. Einen kleinen Aufschwung brachte die zweite Hälfte des 18. Jahrhunderts, wo der Stralsunder Kammerrat und Kaufmann Joachim Ulrich Giese Besitzer war und an der Nordwestseite der Steilküste Ton abbauen ließ. Dieser wurde in einer Fayence-Manufaktur in Stralsund verarbeitet. Ein Reisebericht von 1823 spricht von einem »goldene Zeitalter« für die Hiddenseer, obwohl die Manufaktur nicht erfolgreich wirtschaftete. Vor allem die Kammerrätin von Giese war sehr beliebt und eine gebildete Frau. Der Geistliche und Gelehrte Johann Friedrich Zöllner berichtet in seinen Briefen von 1795 über eine Geschichte, die überhaupt nicht in das Bild des ärmlichen Eilandes passt. Auf der Reise einiger Pariser Damen nach Petersburg musste deren Schiff eines Sturmes wegen im Schutz von Hiddensee ankern. Die Damen ließen sich an Land übersetzen, um etwas Quellwasser zu erhalten. Für einen besseren Blick über die kahle Insel erklommen sie die Berge des Dornbuschs. Dabei entdeckten sie das Gutshaus, in dem gerade die Hochzeit des Pfarrers gefeiert wurde. Beim Eintritt wurden die Gäste von einer »glänzenden Gesellschaft« in ihrer französischen Sprache durch Frau von Giese empfangen.

Obwohl sich die Besitzerin für eine Verbesserung der Lebensbedingungen bei den Untertanen einsetzte, brachte dies keine spürbaren Erleichterungen für die Leibeigenen und freien Bewohner. Die Herrschaft der Familie Giese führte allenthalben zu einer etwas weniger herrischen Unterdrückung. Die Erben von Ulrich Giese boten die Insel 1785 in der Stralsunder Zeitung für 36.000 Taler an. Dazu gehörten nicht nur das gesamte Land, sondern auch alles Vieh, die Gebäude, die Fähre mit der Gerichtsbarkeit sowie die Menschen. 280 Untertanen, untertänige Segelknechte und viele freie Einwohner werden in der Anzeige aufgeführt. Giese hatte die Insel etwa dreißig Jahre früher für reichlich 10.000 Taler erworben. Bis 1800 war Hiddensee im Besitz der Familie Giese, danach folgten wieder Herrscher mit einem despotischen und unterdrückenden Regime. Ab 1835 gehörte das Land zum Stralsunder »Kloster zum Heiligen Geist«. Den Bewohnern brachten weder weltliche noch kirchliche Eigentümer bessere Lebensumstände. Sie waren und blieben meist unfreie und leibeigene Arbeitskräfte am untersten Ende menschlichen Existierens.

Dass die Menschen im Zusammenleben auch unter diesen Bedingungen gesellschaftliche Strukturen und Regeln schufen, zeigen die verschiedenen Sitten und Bräuche, die sich über Jahrhunderte erhalten haben. Dazu gehört die dicke Kleidung, die im Winter wie im Sommer getragen wurde, die Kinder wurden nicht vom Storch, sondern vom Schwan gebracht und Hochzeiten waren dreitägige Dorffeste. Man heiratete nur untereinander und hütete sich vor allerlei Gespenstern, Zwergen und Kobolden. Die Toten fuhr man auf dem Brotwagen des Bäckers zum Friedhof in Kloster, was bei späteren Gästen der Insel auf große Empörung stieß. Unwillkürlich muss ich an meinen morgendlichen Besuch beim Bäcker denken, bei dem die Erzeugnisse aber direkt aus der Backstube kamen. Nach dem Transport wurde der Leichnam dreimal um

die Kirche getragen, bevor man ihn seiner letzten Ruhestätte übergab. Bis zum Ende des 19. Jahrhunderts kannte
man auf Hiddensee keinen Weihnachtsbaum oder Weih-
nachtsmann. Diese Tradition brachten erst die Gäste vom
Festland mit, nachdem es regelmäßige Schiffsverbin-
dungen gab. In Ermangelung echter Tannenbäume auf
der Insel, die als Weihnachtsbäume dienen konnten, gab
es den Hiddenseer Bügelbaum. Er bestand aus einem
Stamm, an dem im unteren Teil große und oben kleine
Bügel aus halbrunden Hölzern angebracht und
geschmückt wurden, sodass sich eine pyramidenartige
Form ergab.

Zum verspäteten Mittag wählen wir die Gaststätte
»Inselreif« in Vitte und werden auch hier nicht von der
Qualität der Speisen enttäuscht. An einem Tisch draußen
vor dem Lokal können wir nicht nur die Sonne genießen,
die es heute gut mit uns meint, sondern gleichzeitig das
pulsierende Leben auf der Hauptstraße beobachten.
Urlauber flanieren entspannt und gelassen entlang, ein
Vater fährt mit einem Kinderwagen auf und ab, Fahrrad-
fahrer sind beständig unterwegs. Es ist ein geschäftiges
Treiben und dennoch geschieht alles mit einer Ruhe, wie
man sie eben in typischen Urlauberorten erlebt. Eine
Familie mit Gepäck geht vorbei. Die Eltern sind gut
bepackt, ziehen Koffer hinter sich her und haben Rucksäcke geschultert. Aus einem ragt eine Kinderschaufel
heraus. In der Hand wird eine zusammengefaltete Strandmuschel getragen. Die Tochter von etwa sieben Jahren
schlendert langsam hinterher. Sie trägt einen rosafarbenen
Strohhut, rote Gummistiefel, auf dem Rücken einen
bunten Rucksack und im Arm ein großes Plüschtür. Alles
in der Umgebung scheint interessant zu sein. Es ist wieder

der unvoreingenommene Entdeckerdrang mit aller Zeit der Welt, wie ihn schon die Kinder beim Durchschreiten der Pfützen vor einigen Tagen hatten. Als sie bei uns vorbeikommt, bleibt sie kurz stehen und schaut uns neugierig an. Als ich ihr zuwinke, dreht sie sich schnell weg und läuft den Eltern nach. Ein liebevolles Bild.

Manchmal kommt einer der zahlreichen Planwagen vorbei, mit denen die Touristen kreuz und quer auf der Insel entlang gefahren werden. Von den Kutschern erhalten die Gäste einen kulturgeschichtlichen Schnellkurs über Hiddensee, die Menschen, die Häuser und die berühmten Besucher. Verständlicherweise müssen auch die Pferde im Laufe ihres Arbeitstages ihr Geschäft erledigen. Die Hinterlassenschaften bleiben dann auf den Wegen zurück. Für deren Beseitigung wurden extra zwei Mitarbeiter von der Verwaltung eingestellt. Die Bediensteten radeln mit Fahrrad und Anhänger den ganzen Tag die Wege ab und sammeln die Reste ein. Meistens landen die Exkremente mit einem geschickten Schaufelschwung im Transportmittel, mitunter fliegen sie einfach in die Wiese neben dem Weg und vereinzelt nimmt ein düngewilliger Gartenbesitzer eine komplette Wagenladung ab. Damit ist prinzipiell für Ordnung auf den Wegen gesorgt. Das Sammeln direkt an der Quelle, wie es bei Kutschen in anderen Touristenstädten üblich ist, würde hier nicht funktionieren, wie uns die Ortsführerin von heute Morgen erzählte. Die Gründe dafür bleiben unbekannt. Unsere reinlichkeitsverwöhnte Gesellschaft steht dererlei Dingen ja manchmal besonders kritisch gegenüber. Aber bei aller Toleranz ist die Pferdemistentsorgung tatsächlich nicht optimal gelöst, weil die Verantwortlichen nicht überall sein können und man als Fußgänger oder Radfahrer den Boden immer gut im Blick haben muss.

Früher, als der Ort nur die wenigen Räucherkaten umfasste, lebten die Tiere mit in den engen Behausungen. Schmutz und Gestank gehörte zum Leben. Das ist keine 200 Jahre her. Wir versetzen uns gedanklich in das Jahr 1792 und sehen den Wanderer Ludwig Kosegarten, der uns bereits auf dem Alten Bessin entgegenkam. Er kam damals auch bis Vitte und stellte fest, dass er »armseligere Hütten« wie an diesem Orte noch nicht gesehen hatte. In ihrem rauchigen Inneren konnte er es nicht einmal wenige Minuten aushalten. Die meisten Bewohner des Dorfes waren bei seinem Besuch am Strand und suchten Bernstein. Dazu fingen sie im Wasser stehend mit Netzen und Beuteln den Tang und Unrat ein und durchsuchten ihn nach den begehrten Steinen, die sich häufig in besonderer Größe fanden.

Bei unseren guten Speisen, dem schönen Sitzplatz unter einer Pergola vor dem Haus und der freundlichen Bedienung sind Gedanken über den heutigen Wohlstand naheliegend. Zumindest schmeckt das Dorschfilet in Butter gebraten nochmals besser und wir essen bewusster.

Nach dem Essen spazieren wir ein wenig durch den Ort und reservieren uns entsprechend der Empfehlung aus der Ortsführung zwei Plätze in der Seebühne für eine Vorstellung von Moby Dick. Bereits das Bestellsystem ist ein Kuriosum des kleinen Theaters. Neben der Tür hängt eine Liste mit einem Stift und man kann sich für eine der noch nicht ausgebuchten Veranstaltungen eintragen. Aufgrund des kräftigen Windes lag die Liste am heutigen Tag einfach unter einem Stein am Boden. Die Karten müssen eine halbe Stunde vor der Aufführung abgeholt werden. Wir sind gespannt, ob das funktioniert. Danach stöbern wir in der Buchhandlung »Koralle« von Renate Seydel, die sie 1991 an der Hauptstraße gegenüber dem heutigen Figurenmuseum eröffnete. Das Lesebuch und das Geschichtenbuch über Hiddensee, die sie neben vielen anderen Büchern herausgegeben hat, ist bereits in unserer Reisebibliothek enthalten. Anschließend holen wir die Räder, die noch am Hafen geparkt sind und fahren zurück nach Kloster.

Zum Ausklang des entspannten Nachmittags besuchen wir den Friedhof, der sich einschließlich der kleinen Kirche direkt am Hauptweg durch den Ort befindet. Die Insel haben viele prominente Gäste besucht, manche sind für immer hiergeblieben. Dazu zählt der berühmteste von ihnen, Gerhart Hauptmann. Sein großer, schlichter Grabstein steht in der Nähe der Kirche. Ähnlich der hohe Stein der Familie von Oscar Kruse. Den von Blumen und Grün umrankten runden Stein der gefeierten Tänzerin und Tanzlehrerin Gret Palucca muss man schon mehr suchen. Einige kleine Steine sind sorgsam auf den Größeren gelegt. Das unermüdliche Schaffen und die Begeisterung der bedeutenden Tänzerin ist auf viele junge Menschen übergegangen. Auch Walter Felsenstein, der Gründer der Komischen Oper in Berlin, ist hier begraben. Die engen Wege führen über den Hügel rund um die Kirche. Wüsste man nicht um die Geschichte dieser bekannten Menschen, man würde es an den Gräbern nicht erkennen. Keine Erhabenheit über andere Schicksale, im Tod sind alle gleich. Beim Anblick der zahlreichen Besucher, die den Friedhof ablaufen, um nach Grabplätzen von Berühmtheiten zu suchen, fühlen wir uns als Touristen, die hier gewesen sein wollen, um einen Teil von Hiddensee zu sehen, den man gesehen haben muss.

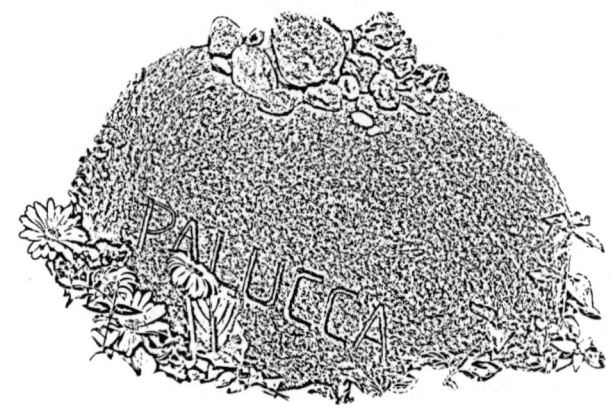

Die hier ruhenden Künstler waren Gäste, die über viele Sommer ihren Urlaub auf der Insel verbrachten. Was hat die Menschen bewogen, auf Hiddensee ihre letzte Ruhestätte zu wählen? Wann wird ein Stück Land so vertraut, dass es eine Heimat wird, auf der man für immer bleiben will? Wir verharren einen Moment zwischen den Gräbern. Etwas weiter kommen wir an einem einfachen Kreuz vorbei, dass an den Tod von vier Kindern der Familie Wolter erinnert, die nacheinander an Diphtherie starben. Hart war das Leben, unerbittlich, ungerecht und endlos traurig. Ich denke an unsere Kinder. Es ist nicht schwer zu erraten, was meine Frau denkt. Die Menschen haben viele schicksalhafte Gefahren vergangener Jahrhunderte bezwungen, gleichzeitig neue geschaffen, von denen man früher nichts wusste. Was bleibt, wenn einem selbst ein

Schicksal treffen würde, das nicht in das geplante Leben passt, es erschüttert und den modernen Glauben infrage stellt, egal ob man diesen aktiv lebt oder nicht. Lassen sich Wunden heilen, wenn die Urinstinkte menschlicher Liebe und Verbundenheit zerrissen werden und man ohnmächtig und handlungsunfähig Dinge hinnehmen muss, die jeglicher Gerechtigkeit und Logik widersprechen? Hart kann das Leben sein und umso trauriger wäre ich wohl über jeden Tag, an dem ich Werten nachgejagt bin, die bei solchen Schicksalsschlägen völlig wertlos sind. Unwillkürlich haben sich unsere Hände berührt und gefasst, bevor wir in das Innere der Kirche gehen.

Inselkirche

Wir setzen uns auf eine der blauweißen Bänke und lassen die Gedanken von eben sowie den kleinen Kirchenraum auf uns wirken. Als Haus Gottes ist die Kirche einmal erbaut worden, damit die Menschen genau diese Besinnung finden. Seit Menschengedenken bauen die Menschen auf der Welt Stätten und Gebäude für Götter und Heilige. Sie beten für das, was ihnen wichtig ist, für Liebe, Schutz, Essen und Wohlstand, für den Untergang vermeintlicher Feinde, für den eigenen Sieg über Menschen, die ihrer Tradition entsprechend das gleiche von anderen Göttern erhoffen. Sie morden im Namen eines Gottes, den die Opfer gleichfalls um Erbarmen anflehen. Wo war auch nur einer dieser Götter bei der Familie Wolter, die vier Kinder verlor?

Bei vier Geburten und bei vier Taufen war die Familie dankbar und glücklich in diesem Haus. Viermal war die Familie in dieser Kirche, um sich von einem geliebten Kind zu verabschieden. Wir werden einen Gott auf diese Weise nicht finden, weder innerhalb noch außerhalb eines Gotteshauses. Wir können vieles erhoffen, aber nur einen Teil beeinflussen. Und das auch nur, wenn wir selbst aktiv werden. Ich empfinde Zufriedenheit. Ich denke an unsere Kinder, an meine Frau neben mir, an nahe Verwandte und Freunde. Ja, das ist etwas, was Bedeutung hat. Das sollte man sich öfter bewusst machen, darüber glücklich sein, Diskussionen über Dinge, die im Grunde belanglos sind, auch als unwichtig ansehen und das Gemeinsame wertschätzen und bewahren.

Wir stehen auf und betrachten die Dinge im Kirchenraum. Der Bau ist das älteste Gebäude der Insel. Sie stammt aus der Zeit, als das Zisterzienserkloster gleich gegenüber noch bestand. Im Inneren an einer Seitenwand befindet sich die Grabplatte des Abtes Johannes Runnenberg, der 1475 verstarb. Besonderes Merkmal der Kirche ist die tonnenförmige Holzdecke, die bei einem grundlegenden Umbau 1781/82 eingebaut wurde und 1922 eine Bemalung mit einem blauen Himmel und Rosenmotiven erhielt. Unsere schwierigen Fragen kann auch der auffällige Taufengel nicht beantworten, der seit etwa 1750 von der Decke hängt und früher zur Taufe heruntergelassen werden konnte. In der linken Hand hält er einen Palmenzweig und in der rechten Hand eine Taufschale. Seine körperliche Üppigkeit, die nur an einigen Stellen von einem Tuch verdeckt ist, entsprach sicher nicht dem kargen Leben der Menschen auf der Insel. Es wäre ein dickes Buch, wenn der Engel aufschreiben könnte, was er alles miterlebt hat. Eine lustige, aber frei erfundene Geschichte schreibt dem Engel zu, das Leben des ansässigen Tischlers gerettet zu haben, als dieser Reparaturen am Deckengewölbe ausführte. Als er auf dem Gerüst das Gleichgewicht verlor, konnte er sich gerade noch an der Kette festhalten, an welcher der Götterbote an der Decke befestigt war. Er rutschte an ihr hinab und saß auf dem Engel, von dem er nur unter Schwierigkeiten geborgen werden konnte, weil sich keine Leiter an die schaukelnde Figur anlegen ließ. Der Schmied hatte sich diese Geschichte ausgedacht, die zu seiner Zeit für viel Heiterkeit sorgte. Nach einer weiteren Anekdote über den Tischler, in der er sich in einer Aalreuse verfangen haben soll, musste der Schmied sogar eine Geldstrafe wegen Verleumdung zahlen.

Auf seine Art und Weise erheitert uns der Engel und lässt die schwerwiegenden Gedanken verfliegen. Was bleibt, ist eine Leichtigkeit, wir sind zufrieden. Was uns noch vor wenigen Tagen in stetiger Unruhe umgetrieben hat, ist weit weg, unwichtig, wir leben und erleben den Augenblick. Nachdem wir wieder auf dem Hauptweg von Kloster stehen, glauben wir, dass es uns gut geht. Mit diesem Glauben lebt es sich leichter als mit der Frage, ob es uns gut geht. Es ist der Glaube an uns selbst.

Später genehmigen wir uns ein Bier und einen Wein bei »Schillings Hafen Amt« und beobachten das An- und Ablegen der Fähre und einiger Segelboote im Hafen. Hier gibt es einen brauchbaren Handyempfang. Erneut vermüllen ein gutes Dutzend Newsletter das Postfach. Dazwischen verschiedene Dienstmails. Ich will nicht wissen, was darin steht, heute sind sie unwichtig. Die Flut belangloser Informationen passt nicht zur Insel und ich empfinde es allmählich als angenehm, dass nicht überall Empfang vorhanden ist. Das Kommen und Gehen der Gäste, herzliche Begrüßungen, verhaltene Abschiede, spielende Kinder, Anhänger voll Gepäck, Rollkoffer und Rucksäcke, Fahrräder und Pferdewagen – alles ist interessanter und spannender zu beobachten.

Taufengel in der Inselkirche

Häuser, Künstler und Gäste

Selbst bei einem zweiwöchigen Aufenthalt auf der Insel muss man die Termine planen, um die interessantesten Veranstaltungen wahrnehmen zu können. Führungen, Wanderungen, Museen und Lesestunden, alles ist nicht zu schaffen. Verzichten wollen wir keinesfalls auf einen Besuch im Asta Nielsen Haus in Vitte, das 2014 neu saniert eröffnete. Die Führung steht heute für zehn Uhr auf dem Programm. Das Haus ist unter dem Namen »Karusel« bekannt geworden. Das ist weder ein Schreibfehler noch wird das Wort lang ausgesprochen. Der Name leitet sich von der rundlichen Form des Gebäudes ab, die an ein Karussell erinnert. Die Schreibweise ist dänisch, weil die bekannteste Bewohnerin Dänin war. Die Entwürfe stammen vom renommierten Architekten Max Taut. Der in Königsberg geborene Baumeister wirkte vor allem in Berlin und machte sich durch seine sachlichen Bürobauten und Schulgebäude einen Namen. Im architektonischen Kontrast dazu schuf er zwei Häuser in Vitte und zwei in Kloster.

Hiddensee hatte sich Anfang des 20. Jahrhunderts zum Treffpunkt für Künstler und Intellektuelle entwickelt. Die Gäste brachten Ihre Ideen und Vorstellungen der Modernität mit auf die Insel, wo sie sich mit den emotional beeinflussten Eindrücken der Reisenden von diesem Eiland vermischten. Die betuchten Feriengäste ließen sich eigene Sommerhäuser bauen, bei denen die Architekten spielerhaft modernes Wohnen in eine Gebäudehülle verpacken konnten, die sich in die Landschaft einfügte und die regionale Identität wahrte. Was wissenschaftlich klingt, bedeutet einfach gesagt: Unter den Häusern auf

Hiddensee gibt es einige architektonische Kleinode, deren Architektur und Baugeschichte sehr interessant sind und die erkundet und entdeckt werden wollen. Das »Karusel« ist sicher das bekannteste der vier Gebäude, die Max Taut für Hiddensee entworfen hat. Das Haus Weidermann steht gleich nebenan, ist bewohnt und kann nur von außen betrachtet werden. 1923, ein Jahr nach dem »Karusel«, entwarf Taut dieses Sommerhaus für Karl Weidermann, einem kaufmännischen Leiter aus Berlin, und dessen Familie. Das mächtige Dach scheint die Wände fast zu erdrücken und schützt es mit einer spitzkantigen West-seite gegen die beständigen Winde, während sich der Baukörper nach Osten hin mit einer halbrunden Veranda mit großen Fenstern öffnet. Die Häuser Gehlen und Pingel stehen in Kloster und wir heben uns die Suche für später auf.

Das »Karusel« wurde 1922/23 als Sommersitz für die Berliner Direktorenfamilie Müller am Norderende von Vitte, der damals schmalsten Stelle der Insel, gebaut. Die heutigen Dämme um die Orte gab es zu dieser Zeit noch nicht und das Wasser des Boddens reichte zeitweise bis an die Grundstücke der beiden Häuser heran. Der annä-hernd quadratische Grundriss erhält seine besondere Wirkung durch zwei gegenüberliegende abgerundete Hausecken. Vom Dach aus blicken uns scheinbar ver-schmitzt die geschwungenen Gauben wie Augen an. Zwei schräge Mauern die von den Ecken aus langsam im Boden versinken, lassen das Bauwerk wie ein umgedrehtes Fischerboot mit dem Kiel nach oben aussehen. Die breiten horizontalen und farbigen Streifen der Putzfassade ver-stärken diesen Eindruck. Egal, ob man sich für die Archi-tektur oder die ehemaligen Bewohner interessiert, das

Haus muss man als Hiddensee-Besucher gesehen haben. Jana Leistner, die Leiterin des Heimatmuseums, bietet auf ihrer Führung einen sehr lebendigen Einblick in die Hausgeschichte. Die Räume im Erdgeschoss sind hell, freundlich und in Anlehnung an den Originalzustand restauriert.

»Das könnte mir als Sommerhaus schon gefallen«, meine ich, als ich die gewinkelte Holztreppe in das Obergeschoss erklimme.

Oben gibt es zwei Schlafräume und eine kleine Kammer, in die wir uns alle hineinquetschen. Jana Leistner erzählt ein wenig von den ehemaligen Bewohnern, vor allem über Asta Nielsen, die das Haus 1928 erwarb. Hier verbrachte die berühmte Schauspielerin aus der Stummfilmzeit in den darauffolgenden Jahren im Sommer oft mehrere Monate mit ihrer Schwester, ihrer Tochter und ihrem Mann. Heute sind die Menschen in den Großstädten häufig vom pulsierenden und schnelle Leben überfordert, aber bereits Anfang des 20. Jahrhunderts erging es vielen ebenso. Von Industrialisierung und Konzentration in den Städten wie Berlin ermüdet, suchten sie einen Ausgleich und Ruhe in der Natur sowie in naturverbundenen Aktivitäten. Für eine Reihe berühmter Persönlichkeiten wurde Hiddensee zum sommerlichen Ruhepol, sofern man es sich leisten konnte. Ohne Strom und fließendem Wasser, fern von Autos und Straßen war man der Natur sehr nah. Die Zeit der rauen Herbststürme und den Winter verbrachte man dagegen in den gewärmten Wohnungen der Stadt und nutzte den Wohlstand einer modernen Eisenbahn, welche die Gäste in wenigen Stunden von Stralsund nach Berlin brachte.

Das Haus von Asta Nielsen nimmt auch deshalb einen besonderen Platz in der Geschichte Hiddensees ein, weil es relativ schnell zu einem Treffpunkt berühmter Künstler wurde. Gerhart Hauptmann war oft Gast und Joachim Ringelnatz ein guter Freund, der immer zu Späßen aufgelegt war. Von seinen kindhaften Albereien, die in einigen Schnappschüssen erhalten blieben, den Irrungen, wenn er zuviel des geliebten Korns genossen hatte und natürlich seinen Gedichten profitiert die touristische Vermarktung noch heute.

Das Leben und Schicksal von Asta Nielsen rührt an, wie es Jana Leistner während der Führung so lebendig erzählt. In verarmten Verhältnissen in Kopenhagen geboren, wurde Nielsen zum Megastar im Filmgeschäft. Es muss eine gute Zeit gewesen sein, in den Zwanzigern. Der dreiwöchige Aufenthalt von Ringelnatz und dessen Frau im Sommer 1929 war eine besonders unbeschwerte und geliebte Zeit auf Hiddensee. Es war eine innige Freundschaft, die beide verband und deren künstlerisches Wirken gegenseitig stark beeinflusste und beflügelte. Umso tragischer und schwerwiegender für die Schauspielerin war 1934 der frühe Tod von Ringelnatz. Mit seiner Frau blieb sie ein Leben lang befreundet und sie erinnerten sich in Briefen noch im hohen Alter an Ringelnatz und die schönen Tage auf Hiddensee. Die Zeit war ohnehin schwer geworden, nachdem mit Übernahme der Herrschaft durch die Nationalsozialisten die sommerliche Unbeschwertheit auch auf der Insel endete. 1936 verbrachte Asta Nielsen den letzten Sommer in ihrem Haus auf Hiddensee. Im Oktober des Jahres schloss sie ihr geliebtes »Karusel« ab und kehrte niemals dahin zurück. Aus Missbilligung der Veränderungen in Deutschland verließ sie das Land und ging wieder nach Dänemark. Irgendwie erinnert mich die Geschichte an Karen Blixen aus »Jenseits von Afrika«. Nachdenklich und etwas betrübt schreite ich die Treppe hinunter mit dem Wunsch, noch einmal die damals glücklichen Bewohner durch das Haus laufen zu sehen und traurig darüber, dass die Zeiten der verfehlten deutschen Geschichte auf jedem Quadrat-meter dieses Landes Schicksale hinterlassen haben, die man nicht rückgängig machen kann.

Nachdem wir wieder draußen stehen, ist der Ort ein Stück lebendiger geworden. Im Zimmer, wo früher Ringelnatz gewohnt hat, ist heute das Trauzimmer von Hiddensee eingerichtet. Ich finde, es ist ein guter Ort hier zu heiraten, um sich gegenseitige Liebe und menschliche Würde zu versprechen und diese dann im gemeinsamen Leben zu wahren.

Karusel

Durch die Führung inspiriert folgen wir Jana Leistner ins Heimatmuseum in Kloster, wo sie im Anschluss Besucher durch die Räume führt. Als Leiterin des Museums versteht sie es auch hier, Interessantes über die Ausstellungsstücke zu berichten. Aus der Nähe lässt sich eine täuschend echte Kopie des Hiddenseer Goldschmucks bewundern. Die Geschichte des Raubs vom gestrandeten Schiff kennt man hier ebenfalls, offiziell verweist man allerdings auf den nicht eindeutig geklärten Hergang zum Fund des Schatzes. Wahrscheinlich befand sich der 16-teilige Schmuck in einem Tonkrug irgendwo auf der Insel, der bei der Sturmflut von 1872 freigespült wurde und die wertvollen Teile stückweise freigab. Ebenso ungeklärt und sagenumwoben ist dessen ursprüngliche Herkunft. Sicher ist man sich nur, dass er im 10. Jahrhundert in einer nordischen Werkstatt hergestellt wurde.

Der Goldschmuck ist auf jeden Fall als reales Objekt vorhanden, unter welchen Umständen er auch gefunden wurde. In den Bereich der Legende gehört dagegen mit hoher Sicherheit die Geschichte vom Klosterschatz. Als die Mönche das Kloster verlassen mussten, sollen Sie eine goldene Wiege, zwölf goldene Apostelfiguren und weitere Wertstücke am Aschkoben versteckt haben, einem Berg, der sich am Weg von Kloster zur heutigen Gaststätte Klausner befindet. Da das Mutterkloster Neuenkamp reich war, ist die Wunschvorstellung vom Klosterschatz verlockend. Gefunden hat man bis heute nichts, deshalb findet sich im Museum zu dieser Legende leider kein Fundstück. Die Ausstellung vermittelt dafür sehr abwechslungsreich einen Eindruck vom Leben auf der Insel und deren Geschichte.

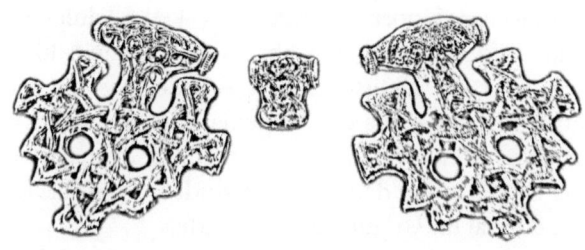

Beeindruckend ist auch das »Bernsteinzimmer«, eine Präsentation von Funden und Arbeiten eines Hiddenseer Bernsteinfischers. Schautafeln informieren über die Entstehung und die Formen der begehrtesten Steine an den hiesigen Stränden. Ungewöhnlich und lehrreich ist der Pflanzentisch im Erdgeschoss, auf dem zahlreiche frische Blühpflanzen ausgestellt und benannt werden, die einem auf den Wanderungen vielfältig begegnen. Das Gebäude des heutigen Museums ist eines der ältesten der Insel und wurde 1888 als Seenotrettungsstation erbaut. Die Ausstellung widmet sich natürlich auch diesem Thema mit Schaustücken aus der Geschichte der Seenotretter.

»Ich habe Hunger«, meint meine Frau berechtigt nach dem Ausstellungsmarathon.

Wir lassen uns daraufhin im »Wieseneck« am Kirchweg, unweit des Museums nieder und bekommen einen reichlich mit Dorsch beladenen Teller serviert.

Später am Tag fahren wir erneut mit dem Rad nach Vitte und laufen ein wenig durch den Ort. Erstaunlicherweise führen die häufig gleichen Wege, die wir gehen, nicht zu Langeweile und Eintönigkeit, sondern schaffen Vertrautheit. Immer Neues zu erkunden, ist spannend, interessant und herausfordernd. Bekanntes nochmals erleben, schafft Ruhe und Entspannung. Dennoch gibt es jedes Mal etwas Unbekanntes zu entdecken, Kleinigkeiten, die das Bild ergänzen und abrunden. Hier ein kleiner Laden, dort ein reetgedecktes Gebäude, das mit einer einäugigen Gaube aus der Dünenlandschaft blickt. Wir schauen am Hafen entlang. Meine Frau versucht, ein Haus an der Straße hinter dem Deich zu finden, wo sie als Kind schon einmal im Urlaub gewohnt hatte.

»Hier hat sich wahrscheinlich viel verändert«, meine ich.

»Ja, das sieht alles anders aus. Den Deich und diesen Teil des Hafens gab es damals noch nicht.«

»Ich mache ein paar Fotos für später«, sage ich.

Die baulichen Veränderungen haben der Insel gutgetan. Die Deiche bieten Schutz vor den Sturmfluten, renovierte und neue Häuser bringen Komfort und Service für Gäste und Anwohner gleichermaßen. Zahlreiche Bauten vor allem in Kloster und Vitte sind hinzugekommen, man war jedoch mit den Baugenehmigungen sehr zurückhaltend. Ich kann nicht wirklich störende Fehlbauten entdecken, obwohl die Meinungen dazu verschieden sind. Natürlich hat mancher sozialistische Überbau und manche marktwirtschaftliche Modernisierung das originale Flair einiger Häuser zerstört und Natur in Bauland verwandelt. Aber Hiddensee ist schließlich ein lebender Ort und kein Freilichtmuseum. Die Besucher möchten sich ja abends auch in möglichst komfortablen Hotelzimmern von ihren Besichtigungen erholen. Durch die begrenzte Trinkwasserversorgung werden keine Neubauten mehr genehmigt, wie wir auf einer der Führungen gehört haben.

Wir nehmen allmählich die Gelassenheit und Abgeschiedenheit der Insel in uns auf. Die Welt voller

Dynamik, Mobilität und Veränderung ist in die Ferne gerückt. Das Wasser des Boddens, obwohl es nur schmal ist, trennt uns von dieser Unruhe, von der Angst, etwas zu verpassen und ständig up to date zu sein. Warum immer erreichbar sein, wozu unaufhörlich Erlebnisse anderen mitteilen, die ein eigenes Leben führen und die mit unseren persönlichen und momentanen Emotionen nicht wirklich viel anfangen können? Ruhe und Naturverbundenheit waren auch Beweggründe, die bereits vor einhundert Jahren Maler, Schriftsteller, Schauspieler und Theatermacher, Geschäftsleute, Intellektuelle, Architekten und Wissenschaftler hierher brachten. Albert Einstein genoss als regelmäßiger und bescheidener Gast die Ruhe der Insel, ebenso Sigmund Freud, der den Weg aus Wien in Kauf nahm. Die Liste bekannter Namen ist lang.

Einer der frühen Bauwilligen auf der Insel war Oskar Kruse. Der Kaufmann hatte mit Geschäften in Berlin bereits mit Mitte Vierzig ausreichend Vermögen angehäuft, um sich ab da ausschließlich seinem Hobby, der Malerei, zu widmen. 1902 war er das erste Mal auf Hiddensee und war von der Landschaft so begeistert, dass er noch im gleichen Jahr ein über 60.000 qm großes Grundstück auf dem Hochland von Kloster erwarb. Dort ließ er ein gewaltiges Backsteinhaus errichten, das heute das Ortsbild dominieren würde, wenn es nicht vom inzwischen herangewachsenen Wald verdeckt wäre. In Andenken an seinen Berliner Wohnsitz in der Lietzenburger Straße nannte er das Haus »Lietzenburg«. Im Schlafzimmer ließ er einen alten Kachelofen einbauen, dessen bemalte Kacheln ursprünglich in der Stralsunder Fayencefabrik aus dem Hiddenseer Ton hergestellt wurden. Sein Wunsch zur Schaffung einer Künstlerkolonie auf dem

Litzenburg

Grundstück ging allerdings nicht in Erfüllung. Der Grundstückskauf war eine Fehlspekulation, die ihn zusammen mit den Baukosten wirtschaftlich ruinierten. Dennoch versammelte Kruse in den Sommermonaten zahlreiche Gäste, Gelehrte und Künstler im Haus, das sich zum geistigen Zentrum der Insel entwickelte. Nach seinem Tod erbte sein Bruder Max Kruse mit seiner Frau Käthe, der berühmten Puppenfabrikantin, das Anwesen.

1910 war es Oskar Kruse gelungen, ein größeres Teilstück des Grundstücks an Henning von Sydow zu verkaufen, der mit seiner jungen Frau Irene darauf die Pensionsvilla »Haus am Meer« errichten ließ. Schicksalhaft war dessen plötzlicher und früher Tod mit 32 Jahren zwischen Weihnachten und Neujahr 1912. Seine 25 jährige Frau war mit zwei kleinen Kindern und einem halbfertigen Haus auf sich allein gestellt. Irene von Sydow ließ weiter bauen und eröffnete die Pension 1913. Nach dem Ersten Weltkrieg führte Sie die Pension durch die »Goldenen Zwanziger«.

Nach Eröffnung der Pension wohnte Oskar Kruse selbst als Dauergast im Haus. Die Lietzenburg ließ sich schwer heizen und war ihm zu unbequem. Nachdem Gerhart Hauptmann von 1916 bis 1920 in der Lietzenburg die Sommer verbrachte, wohnte er die folgenden fünf Sommer im »Haus am Meer«. In diese Zeit fällt der legendäre gemeinsame Aufenthalt der Familien Hauptmann und Mann, die 1924 bei Irene von Sydow zusammen für kurze Zeit logierten. Die ebenfalls prominente Familie Mann fühlte sich allerdings gegenüber Hauptmann zurückgesetzt und reiste vorzeitig ab. Albert Einstein besuchte häufig das Haus, weil seine Tochter hier die Sommerzeit verlebte. Er selbst wohnte in den Jahren 1920 bis 1926 mehrfach im Ort Kloster. Dabei war er so unauffällig, dass ihn viele für einen verarmten Künstler anstatt eines Wissenschaftlers von Weltruf hielten.

Vogelwarte

Später richtete die Universität Greifswald im Gebäude eine Vogelwarte ein. Seitdem ist das Gebäude unter dem Namen »Vogelwarte« bekannt. Somit haben zahlreiche Häuser eine eigene, lange und mitunter tragische Geschichte zu erzählen. Häufig bestanden enge Beziehungen zwischen den Häusern, den Eigentümerfamilien und ihren Gästen, die sich nicht selten über mehrere Generationen erstreckten.

Vor dem Ersten Weltkrieg wurden vor allem in Kloster größere Hotelbauten errichtet. Die Hotels Hitthim, Dornbusch, Wieseneck und das Bergwaldhotel Klausner haben ihre eigene Geschichte und erhoben den Ort zur ersten Adresse für Sommergäste. Die für Hiddensee luxuriösen Häuser boten dennoch viel naturverbundene Romantik, denn die Insel wurde erst 1927 an das Stromnetz angeschlossen.

Eine wesentliche Voraussetzung für den Aufenthalt von Besuchern war die Anreise. Im 19. Jahrhundert war diese äußerst beschwerlich und erfolgte über die Fährinsel mit entsprechend weiten Wegen zu den Ortschaften. Als erster Ort bekam Kloster im Zusammenhang mit dem Bau des Leuchtturms eine kleine, befestigte Hafenanlage, welche bis 1904 die einzige Schiffsanlegestelle der Insel war. Der Salon- und Postdampfer »Caprivi« nahm ab 1892 als erstes Schiff den Ort Kloster in den regelmäßigen Fahrplan auf. Anfänglich erhielt der Kapitän des Dampfers noch eine Beihilfe von 30 Mark vom damaligen Gutspächter in Kloster, damit er in den Sommermonaten täglich in Kloster anlegte. Weil das Geschäft sehr gut lief, konnte er nach kurzer Zeit darauf verzichten. Später erhielten Vitte und Neuendorf einfache Landungsbrücken, die erst Ende der 1920er Jahre zu Bollwerken ausgebaut wurden.

Es war also vor allem die Zeit vor und nach dem Ersten Weltkrieg, in der Hiddensee einen gewaltigen baulichen und touristischen Aufschwung nahm, auch wenn der Begriff Tourismus nicht mit dessen heutiger Bedeutung gleichzusetzen ist. Die Besucher begannen die besonderen Reize und das natürliche Flair der Insel zu entdecken. Die Bewohner fanden die Veränderungen nicht immer gut, waren aber der wirtschaftlichen Entwicklung nicht abgeneigt. Im Roman »Hiddensee« von Adolf Wilbrandt, der 1910 erstmals erschien und dem mehrere Auflagen folgten, wird bereits etwas abfällig von »Sportleuten«, »Mitmachern« und »Modehämmeln« gesprochen, die Hiddensee heimsuchten. Ganz so dramatisch dürfte es freilich noch nicht gewesen sein. Die Gästezahlen blieben im Vergleich zu späteren Zeiten moderat. Das Eiland rückte aber in den Bereich der öffentlichen Interessen, der schmale Landstreifen vor der Küste entwickelte ein eigenständiges Bild im Bewusstsein der Menschen.

Unsere Räder stehen noch am Hafen in Vitte. Nachdem wir diese wieder in Besitz genommen haben, kommen wir auf dem Rückweg an der Seebühne vorbei. Die Reservierungsliste hängt wie immer zusammen mit einem Stift neben der Tür. Wir sind zufrieden, alles hat seine Ordnung.

»Ist es dir langweilig, schließlich habe ich dich ein wenig überredet, hierher zu fahren«, meint meine Frau.

»Nein, es ist wirklich schön hier, auch wenn ich jetzt erst einmal genug gesehen habe. Wir sollten dem Hafen Amt in Kloster noch einen Besuch abstatten.«

»Schon wieder Durst auf ein Bier?«

»Ja, ich glaube schon, der Mensch muss ja von etwas leben.«

Der scharfe Ostwind erschwert den Rückweg ein wenig. Die meisten Tagesgäste haben die Insel bereits verlassen oder warten in den Häfen auf die Fähren. Der für den Pferdemist Beauftragte macht eine letzte Runde mit Rad und Hänger auf den Hauptwegen. Die Planwagen stehen an ihrem Nachtplatz und die Pferde grasen auf den Wiesen. »Schillings Hafen Amt« in Kloster wird von der Abendsonne in ein romantisches Licht getaucht. Die Sitzplätze draußen an der Seite liegen windgeschützt. Der hinterste Tisch gleich neben der Seiteneingangstür wird noch vom Sonnenlicht erwärmt und ist ein schöner Platz zum Ruhen und beobachten. Ich trinke ein Bier und meine Frau einen Hering. Drei sehr gute Hausweine mit eigenem Etikett haben die Namen Hering, Makrele und Dorsch.

Einer der prägte

Der folgende Morgen ist verregnet und wir ergänzen den Bäckerbesuch durch ein Bad im hauseigenen Pool, bevor wir uns einem ausgiebigen Frühstück widmen. Im Veranstaltungskalender lesen wir, dass nach dem Mittag eine Führung im Gerhart Hauptmann Museum stattfindet. Zu dieser finden wir uns am neuen Literaturpavillon ein, der seit 2012 eine Dauerausstellung zur »Literarischen Moderne auf Hiddensee« beherbergt und über die zahlreichen Schriftsteller informiert, die ihre Sommerfrische hier verbrachten. Im vorderen Bereich gibt es eine Buchhandlung. Der Pavillon ist gleichzeitig der Zugang zum Gerhart Hauptmann Haus, das unter hohen Bäumen im Garten steht. Die Museumsleiterin Franziska Ploetz erzählt ebenso unterhaltsam und kurzweilig wie ihre Kollegin aus dem Heimatmuseum über den bekanntesten Gast von Hiddensee. In den einführenden Erläuterungen berichtet sie aus den frühen Jahren von Hauptmann. Auf den überall anzutreffenden Bildern sieht man sonst immer den Literatur-Nobelpreisträger im gesetzten Alter, der als literarischer Superstar einen entsprechenden Nimbus um seine Person entwickelt hatte.

Über einen kleinen Weg gelangt man zum eigentlichen Sommerhaus. Die geschilderten Gesprächsrunden von Hauptmann mit den Gästen am Esstisch erinnern ein wenig an die Runden von Friedrich dem Großen auf Schloss Sanssouci. Wenn im Frühjahr die zahlreichen Tonröhren im Weinkeller mit einem guten Tropfen aus dem Badischen aufgefüllt wurden, war dies ein deutliches Zeichen, dass Hauptmann bald zum Sommeraufenthalt anreiste. Die Hausmarke, die Hauptmann trank, wird heute wieder im Literaturpavillon im Ausschank und zum Verkauf angeboten.

Das originale Arbeitszimmer ist ein imposanter und üppig bemessener Raum. Entgegen den meisten anderen prominenten Gästen, die vor allem zur Erholung und Abwechslung nach Hiddensee kamen, war der Tagesablauf bei Hauptmann streng eingeteilt und von dichterischer Tätigkeit bestimmt. Wir nehmen das Wissen mit, dass Hauptmanns Erfolg hart erarbeitet war, wenn auch in angenehmer Umgebung. Es dauerte jedoch lange, bevor er sich in seinem schönen Arbeitszimmer niederlassen konnte. 1885 war er als 22 jähriger das erste Mal auf Hiddensee, dann in den Jahren 1896 bis 1899 jeweils für eine Woche und nochmals 1901. Erst ab 1916 kam er regelmäßig, dann bereits als Mittfünfziger und Nobelpreisträger. Damals mietete er sich in verschiedenen Unterkünften ein, so auch ab 1926 im »Haus Seedorn«, dass er vier Jahre später erwarb und zum heutigen Anwesen mit dem Arbeitszimmer, dem verbindenden Kreuzgang und der Terrasse erweitern ließ. Zu diesem Zeitpunkt war er 68 Jahre alt. Die letzten 13 Sommer seines Lebens verbrachte er hier mit dem festen Tagesablauf aus Baden in der Ostsee, Spaziergängen, Mittagsschlaf, Nachmittagsdiktat und den ausgiebigen Gesprächsrunden bei viel Wein bis spät in die Nacht. Im Obergeschoss des Hauses befindet sich das Schlafzimmer Hauptmanns mit den berühmten handschriftlichen Notizen an der Wand. Diese fertigte er an, wenn sein Geist nicht die nächtliche Ruhe finden konnte und er Gedanken kurzerhand an die Wand schrieb. Von dem Museum in der Gesamtheit sind wir begeistert und stöbern noch lange in der Auswahl des Pavillons. Die Werbung im Museumsprospekt als »Kleinod unter den Dichterhäusern Deutschlands« hat vollauf seine Berechtigung.

Aus dem Museumsbesuch nehmen wir die Erkenntnis mit, dass Berühmtheit auch eine Last sein kann. Sicher hat sich fast jeder als Kind einmal gewünscht, bekannt und bedeutend zu sein. Ob man dadurch glücklicher lebt, ist fraglich, wie das Schicksal vieler unglücklicher Künstler zeigt, die sich in Alkohol und Drogen geflüchtet haben. So wie Kunst, egal auf welchem Gebiet, meistens leicht wirken soll, ist sie doch schwer zu erschaffen und häufig ein schwieriger Prozess widersprüchlicher Gefühle bei der kreativen Arbeit. Ebenso erscheint das Leben der Künstler unbeschwert zu sein, obwohl es nicht vor den menschlichen Irrungen geschützt ist. So stand auch Gerhart Hauptmann lange im Zwiespalt zwischen seiner Frau und der jungen Geliebten, hatte mit Geldsorgen zu kämpfen und sogar Selbstmordgedanken.

Anders als bei Ettenburg hat Hauptmann nach seinem Tod 1946 einen ewigen Platz auf der Insel gefunden. Aus politischen Gründen konnte er nicht auf dem Familienanwesen »Wiesenstein« in Agnetendorf in Schlesien beerdigt werden und er wurde nach Hiddensee überführt. Die Ruhestätte auf dem Inselfriedhof mit dem großen Granitblock und dem einfachen Schriftzug des Namens hatten wir bereits besucht. Hinter dem Grab pflanzte seine Frau Margarete eine Tanne, die sie aus dem Park vom Wiesenstein mitbrachte. Der Efeu, der sich um den Stein rankt, ist ein Senker der Pflanze, die an der Terrasse des Sommerhauses »Seedorn« wächst. Das Gewächs hatte Hauptmann als Ableger bei einem Aufenthalt zur Goethefeier in Amerika erhalten. Das Original hat dort George

Washington gepflanzt. Somit rückt am Grab des großen Dichters die Welt ein wenig zusammen.

Wir sind froh, dass wir weder berühmt sind noch zwischen verschiedenen Partnern wählen müssen und verlassen leicht und beschwingt das Museum.

Ich empfinde es als angenehm, wenn das Leben geordnet ist. Vielleicht liegt der Grund für die Suche nach Beständigkeit in den raschen Veränderungen des heutigen Alltags und den vielen Ereignissen aus der ganzen Welt, die man freiwillig aber unausweichlich über die Medien aufnimmt. Die Zeiträume von Trends und Modeerscheinungen verkürzen sich zunehmend und treiben das »Hamsterrad«, in dem wir uns befinden, immer rasanter an. Die ständige Abwechslung macht müde und kostet wertvolle Kraft. Dabei sind wir durchaus anpassungsfähig, was die Menschen vor 100 Jahren als »Hektik« empfanden, wäre für uns wahrscheinlich Ruhe und Entspannung, aber die Spirale der Steigerung scheint sich heute schneller zu drehen, als wir uns anpassen können.

Nach dem Museumsbesuch laufen wir durch den Ort. Der Kirchweg vor dem Museum führt als »Hauptstraße« an verschiedenen Läden, dem Bäcker, dem Inselshop sowie dem Friedhof vorbei bis zur Kreuzung am ehemaligen Klostergelände, wo Leuchtturmweg, Hafenweg und der Weg nach Grieben zusammentreffen. Rechter Hand befindet sich das Bistro am Klostergarten. Die Hiddenseer Dampfriesen mit Vanillesoße sind hier die Spezialität. Dennoch wählen wir eine Fischsuppe und ein Fischbrötchen, das frisch zubereitet wird, gut belegt ist und beides hervorragend schmeckt.

Am heutigen Abend erwartet uns die Seebühne, zumindest hoffen wir das, nachdem wir uns auf der speziellen Liste an der Tür eingetragen hatten. Bis es soweit ist, gehen wir am Nachmittag eigenen Wünschen nach. Mich drängt es nach Aktivität und Seeluft. Bevor ich die Steiluferstreppe in Kloster zum Strand hinabsteige, um von dort unterhalb der Steilküste um die Hucke herum bis zur Swantewitschlucht zu laufen, genieße ich den Blick von oben. Von hier ist der Strand und der Steinwall am Wasser gut zu überblicken, der sich wie ein schwarzer Wurm an der Nordwestküste der Insel entlang schlängelt. Das Bauwerk trennt die Rivalen, das Land des Dornbuschs, dass sich hier majestätisch aus den Fluten erhebt und das Meer, welches sich diesem fordernd und beharrlich entgegenwirft. Zu Beginn des 20. Jahrhunderts, als es den Steinwall noch nicht gab, breitete sich hier unten am Außenstrand von Kloster ein herrlicher und breiter Sandstrand aus. Die wenigen Gäste der Insel konnten uneingeschränkt Sandburgen bauen. Als sich dann endlich die Gästezahlen vergrößerten, änderte sich die Strömung in der Ostsee und spülte von Jahr zu Jahr mehr vom Badestrande weg, bis nur noch steinige Reste übrig blieben.

Vor etwa 150 Jahren war die gesamte Insel schutzlos den Naturgewalten ausgeliefert und es war vor allem das flache Land der Inselmitte und des Südens, das unter den Gewalten der See zu leiden hatte. Harmlos war das »Hohe Wasser«, das mindestens einmal im Jahr auftrat. Es überflutete die Wiesen und Weiden zwischen Kloster und Vitte und ermöglichte die ungewöhnliche Flora der Salzpflanzen. Kritisch für die Menschen südlich von Kloster, in Vitte, Neuendorf und Plogshagen waren die Sturmfluten, die ihnen immer wieder zusetzten und Häuser, Tiere und Nahrungsmittel zerstörten. Unvorstellbar das Leid, wenn die wenigen Habseligkeiten über Nacht vernichtet, Boote und Fischereigerät weggeschwemmt wurden und nur das nackte Leben auf dem Dachboden oder Dach des Hauses gerettet werden konnte.

Sturmfluten entstehen, wenn ein starker Westwind über längere Zeit große Mengen Wasser in das Becken der Ostsee gedrängt hat und sich die Windrichtung auf Nordost dreht. Dann werden die Wassermassen nach Südwest gegen die Küste getrieben und können von der Ostsee in die Nordsee durch die begrenzte Verbindung nicht schnell genug abfließen. Die Folge sind meterhohe Wasserstände über normal.

Eine Sturmflut im Sommer des Jahres 1864 riss sogar die Insel an der damals schmalsten Stelle südlich von Plogshagen auseinander und hinterließ einen knapp 20 m breiten Durchbruch. Da man sofortige Maßnahmen versäumte, hatte sich dessen Breite in den folgenden Monaten verdreifacht. Die dann erfolgten Sicherungsmaßnahmen waren halbherzig, nicht ausreichend und wurden durch die erneuten Sturmfluten des Folgejahres wieder weggespült. Ende 1865 war der Gellen durch einen 250 m breiten und 7 m tiefen Graben vom Rest der Insel getrennt. Die ohnehin spärlichen Weideflächen auf dem südlichen Teil blieben für die Bewohner unerreichbar. Diese menschlichen Schicksale führten bei den Entscheidern auf dem Festland nicht dazu, intensive Sicherungsmaßnahmen der Durchbruchsstelle einzuleiten. Ausschlaggebend war erst die Tatsache, dass durch die veränderten Strömungsverhältnisse das Nordfahrwasser allmählich versandete, welches die Schiffe von Stralsund nach Schweden entlang der Westküste Rügens nutzten. Vier Jahre baute man an zwei Dämmen, durch die beide Inselteile wieder verbunden wurden. Nur wenig später verheerte 1872 das seit Menschengedenken schwerste Unwetter das Eiland. Bis auf das Hochland des Dornbuschs stand die ganze Insel meterhoch unter Wasser. Nahezu alle Gebäude der Ortschaften südlich von Kloster wurden vernichtet oder zumindest unbewohnbar. Dennoch kamen die Menschen im folgenden Frühjahr zurück, bauten die Häuser erneut auf, bis nach zwei Jahren ein neues Sturmhochwasser schwere Schäden anrichtete und den kargen Boden einschließlich der Brunnen mit Salzwasser überflutete.

Die Menschen blieben, und sie blieben nach den Fluten von 1883 und 1887, wo ein 10 m breiter Landstreifen vor Neuendorf und Plogshagen weggerissen wurde. Für die Bewohner der Insel hat »Dat söte Länneken«, das süße Ländchen einen besonderen Wert. Diese enge Bindung an die Heimat ist vielen Reisenden aufgefallen, die Hiddensee einen Besuch abstatteten. Das Land, auf dem man lebt oder das man besitzt, auch wenn es nur wenige

Quadratmeter sind, ist beständig und dauerhaft. Alles was darauf steht, mag vergänglich sein, kann zerstört und wieder aufgebaut werden, nur der Grund und Boden erscheint unverrückbar und ewig. Seitdem der Mensch sesshaft geworden ist, stellt das Land einen Bezugspunkt und Ausgangspunkt seines Handelns dar. Das hat sich über die Jahrtausende in das Empfinden der Menschen eingebrannt. Deshalb ist es schwer und dauert eine lange Zeit, ein anderes Stück Erde als neue Heimat zu betrachten, egal, ob man aus natürlichen oder erzwungenen Gründen die vertraute Umgebung verlassen muss. Die Integration ist ein sehr langwieriger Prozess und mit materiellen Mitteln allein nicht zu realisieren, da diese Dinge nicht von Bestand sind und keine Emotionen von Heimat bewirken.

Vielleicht ist die oft beschriebene Bindung der Hiddenseer an ihre Insel deshalb so intensiv, weil die Geschichte und das Wissen über die Sturmfluten den Menschen bewusst gemacht haben, dass auch das Land vergänglich sein kann. Der Fortbestand der Insel hatte dadurch eine andere Bedeutung als bei den Bewohnern des Festlandes. Der Mythos von Atlantis hat sich im Gedächtnis der Menschen so lange erhalten, weil er nicht nur den Verlust von materiellen Reichtümern, sondern das Verschwinden eines Landteils verkörpert. Das ruft die Sorge vieler heutiger Inselvölker in das Bewusstsein, die durch den Klimawandel um ihren Boden bangen. Heute sind die Inseldörfer auf Hiddensee durch Deiche rundherum geschützt, den Rest der Insel überlässt man weitestgehend dem Wirken der Naturkräfte. Wenn man sich Neuendorf auf Luftaufnahmen anschaut, wie sie auf Postkarten verkauft werden, dann wirkt das Dorf wie eine prähistorische Siedlung, die von einem Erdwall umgeben ist. Es wird aus der Luft aber auch sichtbar, wie winzig der Schutzwall ist. Heute bietet er bei schweren Sturmfluten Schutz, was bei einem ansteigenden Meeresspiegel passiert, lässt sich leicht erahnen.

Für den damaligen Eigentümer der Insel, dem Stralsunder Kloster zum Heiligen Geist, waren diese menschlichen Instinkte, Bedürfnisse und Wünsche keineswegs heilig und kein ausreichender Grund für christliches Handeln. Die Gewährung von Zuschüssen zum Bau von dauerhaften Schutzanlagen, um ein gewisses Heil für die Menschen auf Hiddensee zu bringen, wurde verweigert. Erst nach der Flut von 1903 errichtete man einen Wall vor Neuendorf und Plogshagen, der sich bereits 1904 bewährte. Obwohl das Land überflutet wurde, kam es nicht zu Durchbrüchen und umfangreichen Landverlusten. Die Silvestersturmflut Ende 1913 wiederholte das Schicksal der Bewohner und von der Steilküste in der Nähe des Leuchtturms wurden stellenweise bis zu 20 m vom Meer verschlungen.

1937 begannen die Arbeiten am großen Steinwall unterhalb des Dornbuschs. Dieser sollte auf 4 km Länge die ganze Abbruchküste schützen. Die Steine kamen aus dem Fehmarnsund und aus Steinbrüchen Südschwedens. 400 m der 2,80 m hohen Mauer wurden fertiggestellt, bevor der Zweite Weltkrieg dem Bau ein jähes Ende setzte. Erst nach dem Sturmhochwasser von 1962 leitete man weitere Befestigungsmaßnahmen ein, die das Bild der Insel in den folgenden Jahrzehnten durch Deiche und Aufspülungen veränderten, aber auch dauerhaften Schutz für die Ortschaften brachten. Im Rahmen der Maßnahmen wurde die begonnene »große Mauer« entlang der

Hucke um einen losen Steinwall erweitert, sodass dieser Bereich der Insel vor neuem Landverlust geschützt ist. Durch die verringerte Materialabtragung wurde gleichzeitig die natürliche Anlandung der Sedimente im Süden reduziert, was hier zu einer Sandarmut führte. Es ist also schwierig bis unmöglich, das ausgewogene Wirken der Natur so zu beeinflussen, damit es allen Interessen entspricht.

Noch immer stehe ich oben an der Steilufertreppe und betrachte das Land. Es ist ein wenig vertrauter geworden. Von hier sieht man den schmalen Weg unten am Strand zwischen Steilküste und Steinwall. Ihn zu begehen, diesen Teil der Insel zu umlaufen, ist fast wie eine Umarmung des Landes, das doch so klein erscheint, als könnte einem dies gelingen.

Ein Nachteil des Steinwalls ist der verhinderte Zugang zum Wasser, der am Strand von Kloster nur an wenigen Stellen freigegeben ist. Wo die Steine nur lose aufgeschichtet sind, kann man gerade noch darüber hinwegblicken. Spätestens hinter der Steinmauer ist der Blick versperrt. Aus der Nähe erhält die gewaltige Mauer eine neue Dimension. Die sorgfältig gesetzten Decksteine ergeben eine fast geschlossene Fläche. Ich denke an den Pyramidenbau und die Kampftechnik der römischen Schildkröte, wo die Soldaten mit ihren Schilden eine undurchdringliche Mauer bildeten. Damit ist die gefährdete Nordwestspitze der Insel auch vor den schwersten Sturmfluten geschützt. Das Steilufer ist vom dichten Sanddorn bewachsen, oberhalb der Abbruchkante erstreckt sich der Dornbuschwald. Durch den Schutz vor dem Wasser ist selbst der Strand von Vegetation überwuchert und ein Trampelpfad schlängelt sich entlang des Walls. Oben auf der Mauer kommt mir eine junge Frau entgegen. Das Bauwerk ist nur an den Enden zu erklimmen oder von ihm wieder hinab zu steigen. Die 400 m sind schnell abgeschritten, an die sich ein Stück willkürlich aufgeschichteter Steine anschließen. Ich mache einige Fotos vom aufspritzenden Wasser, wenn sich die Wellen an den Steinen brechen. Danach folgt ein abwechselnd schmalerer und breiterer steiniger Landstreifen. Manchmal ragen auch größere Brocken aus dem Wasser. Hinter dem Küstenstreifen ragt eine steile, pflanzenlose Wand aus Sand, Lehm und Steinen auf. An manchen Stellen liegen Haufen von abgebrochenem Material, die langsam eingeebnet werden, wenn die Wellen bei stürmischen Wetter bis an den Fuß der Steilküste strömen.

Eine Bucht folgt auf die vorangegangene. Eigentlich sollte es nur ein kleiner Nachmittagsspaziergang werden. Der Weg zieht sich doch recht lang, einige Wanderer kommen mir entgegen. Da die Vorstellung in der Seebühne auf uns wartet oder besser gesagt nicht wartet, schaue ich öfter auf die Uhr. Schließlich möchte ich die berechtigte Missstimmung vermeiden, wenn wir diese

Veranstaltung ungenutzt verstreichen lassen müssten, weil meine Wanderung mal wieder etwas länger dauert. In einer größeren Bucht, wo der Wald bis an den Strand reicht, erkenne ich den Weg durch die Swantewitschlucht. Der Aufstieg bis zur Gaststätte »Zum Klausner« ist noch einmal ein kleiner Kraftakt. Vom Aussichtspunkt »Inselblick« führt der Betonplattenweg dann stetig abwärts nach Kloster hinunter. Inzwischen hat es angefangen, leicht zu regnen, sodass ich langsam von innen durch das schnelle Laufen und von außen durch den Regen durchnässt bin.

»Na ja, gerade noch rechtzeitig«, werde ich empfangen.

Ich brumme nur etwas vor mich hin und lasse die Dusche wieder einen ausgeglichenen Menschen aus mir machen.

Wir radeln zur Seebühne nach Vitte. Hier ist 19:00 Uhr noch alles zu. Vorbestellte Karten soll man 30 Minuten vorher abholen, es bleibt also noch Zeit, der benachbarten »Hiddenseeklause« für einen Imbiss einen Besuch abzustatten. Wie nicht anders zu erwarten, dauert die Bestellung natürlich etwas länger und wir werden unruhig. Zwischendurch gehe ich schnell nebenan und hole die bestellten Tickets. Trotz der ungewöhnlichen Bestellliste klappt das problemlos, dann verspeisen wir unser Essen und freuen uns auf die kommende Vorstellung.

Die Seebühne hat in diesem Jahr ihr zwanzigjähriges Bestehen als maritimes Kammertheater. »Moby Dick« steht auf dem Spielplan, das als Einpersonenstück von Karl Huck aufgeführt wird. Nach kurzer Zeit versteht es Huck, die Zuschauer in den Bann der Geschichte zu ziehen, erweckt seine Puppen mit einfachsten Mitteln und raffinierten Effekten zum Leben und erzeugt eine Atmosphäre, die den Zuschauerraum vergessen lassen. Entsprechend unterhalten, amüsiert und mit einem Lächeln verlassen wir nach der Vorstellung das kleine Haus, eine absolute Empfehlung. Wer weitere Figuren aus dem Fundus der Seebühne bewundern will, der kann dies im neuerbauten Figurenmuseum Homunkulus mit angeschlossenem Café gleich in der Nähe machen. Die Leiterin, Wiebke Volksdorf gehört ebenfalls zum Team der Seebühne. Ich weiß nicht, ob es Karl Huck ehren oder beleidigen würde, ihn im Zusammenhang mit Alexander Ettenburg zu erwähnen. Das unermüdliche Wirken und Werben für Hiddensee und die Anziehungskraft für die Besucher, verbunden mit einer Originalität der Aufführungen, erinnern an die frühen Bestrebungen Ettenburgs.

Nach der Vorstellung nehmen wir uns noch etwas Zeit für einen Spaziergang am Strand. Das Glück ist uns hold und der Abend beschert einen wunderschönen Sonnenuntergang. Wie so häufig, versinkt der Feuerball nicht hinter der Horizontlinie des Meeres, sondern taucht in einen schmalen Wolkenstreifen ein.

Ein Sonnenuntergang hat etwas beruhigendes und endgültiges, schließlich markiert er das natürliche Ende eines Tages, ohne künstliche Maßnahmen, diesen mit Licht oder multimedialen Effekten zu verlängern. Körper und Geist können sich entspannen, zur Ruhe kommen, den Tag nochmals vorbeiziehen lassen und sich auf die Nacht vorbereiten. Als ich letztens eine neue Beleuchtung für das heimische Aquarium suchte, habe ich häufig davon gelesen, dass man möglichst einen elektronischen Regler einbauen sollte, der das Licht abends allmählich dimmt und morgens wie ein langsamer Sonnenaufgang heller werden lässt. Das würde die Fische beruhigen und einer natürlichen Haltung entsprechen. Wir Menschen verfügen über Intelligenz und wissen, wenn der Lichtschalter am Ende des Tages betätigt wird, hat man in der Regel zu schlafen, schnell und möglichst sofort. Die Nacht ist endlich und am nächsten Tag muss man wieder fit sein. Wir sollten uns manchmal mehr Zeit nehmen, denke ich. Was den Fischen im Aquarium gut bekommt, ist sicher auch für uns nicht schlecht.

Inzwischen färbt ein orangerotes Farbenspiel den Himmel und das Bild des Strandes mit seiner Sanddüne, den Gräsern und blühenden Buschrosen reduziert sich langsam auf deren Konturen, die sich vor dem dunkler werdenden Hintergrund abzeichnen. Die Natur scheint zur Ruhe gekommen zu sein. Was tagsüber einem kräftigen Wind mit Millionen winziger Sandkörner standhalten musste, kann sich ausruhen und erholen. Wir sitzen umarmt auf einer dieser Bänke hinter der Düne, die in den Fluten des angewehten Sandes zu versinken scheinen. Die Themen des Alltags sind weit und verblassen vor dem Schauspiel der Natur. Menschen gehen vorbei, die Wege werden allmählich leerer. Eine Familie kommt noch eilig aus dem Ort, bereits wissend, dass sie den entscheidenden Moment verpasst haben. Einem Spießrutenlauf gleich, wurden sie wahrscheinlich von den Rückkehrern vom Strand darauf aufmerksam gemacht. Wir fühlen uns ein wenig zugehörig zur Insel, wir haben den Kontakt zum Boden, zum »süßen Ländchen« gefunden.

»Das war ein ereignisreicher Tag.«

»Und ein friedlicher Ausklang.«

»Warum kann es nicht überall so friedlich sein?«

»Die Menschheit hat darauf bis heute noch keine Antwort gefunden.«

Eine schwere Last

Am nächsten Morgen müssen wir der Sparkasse in Vitte einen Besuch abstatten. Das Wandeln auf der Insel fordert einen finanziellen Tribut. Nicht weit entfernt befindet sich auf einem Grundstück das ehemalige Haus des Pädagogen Adolf Reichwein. Ein Stolperstein vor der Grundstücksgrenze erinnert an das Schicksal dieses Sozialdemokraten, der im Oktober 1944 von den Nationalsozialisten ermordet wurde. Nach seiner Heirat 1932 verbrachte er viele unbeschwerte Ferientage in diesem Haus. Die über 260 Jahre alte Fischerkate steht etwas zurückgesetzt und ist eines der ältesten Häuser auf der Insel. Das kleine Häuschen mit dem Reetdach wird allgemein auch Hexenhaus genannt, wobei nicht bekannt ist, woher der Name stammt. Am Tag des offenen Denkmals öffnet die heutige Besitzerin, die Tochter Adolf Reichweins die Türen zur Besichtigung. Ihre Großmutter hatte das Haus 1929 erworben.

In Vitte gibt es weitere fünf Stolpersteine, die der Malerin Henni Lehmann sowie Clara Arnheim, Julie Wolfthorn, Käthe Löwenthal und Susanne Ritscher gedenken. Diese Frauen gehörten dem Hiddenseer Künstlerinnenbund an und waren Verfolgte des Naziregimes. Susanne Ritscher konnte durch verschiedene Verstecke überleben, Henni Lehmann nahm sich 1937 das Leben, die anderen drei Künstlerinnen starben in den Konzentrationslagern. Leider gibt es keinen noch so abgelegenen Winkel in Deutschland und vielen weiteren Ländern, in dem man nicht mit diesem verachtenswerten Abschnitt der deutschen Geschichte konfrontiert wird.

Hexenhaus

Henni Lehmann spielte auf Hiddensees eine besondere Rolle. Seit 1907 besaß die Familie eine Sommervilla am Norderende von Vitte, in dem das Ehepaar musikalische und literarische Abende veranstaltete. Henni Lehmann malte in der Natur oder im Atelier im Obergeschoss des Hauses mit Blick auf den Dornbusch. Sie verbrachte hier regelmäßig die Sommer und war am politisch-sozialen Leben und der Gründung verschiedener Vereine auf der Insel beteiligt. 1919 gründete sie mit zehn Malerinnen aus ganz Deutschland, unter anderen Clara Arnheim und Elisabeth Büchsel, den »Hiddensoer Künstlerinnenbund« und wurde dessen Vorsitzende. Die nebenan liegende ehemalige Scheune der Bäckerei Schwartz wurde zum Ausstellungsgebäude eingerichtet und erhielt wegen ihres blauen Kalkanstrichs den Namen »Blaue Scheune«. Vitte entwickelte sich zum Sommertreffpunkt der Berliner Kunstszene. Entgegen den missbilligenden Äußerungen Gerhart Hauptmanns über die »Malweiber«, distanzierten sich die Künstlerinnen von dieser Zuordnung und sahen sich als ernsthafte Kunstschaffende. War die Lietzenburg vor dem Ersten Weltkrieg ein Anlaufpunkt für zahlreiche Künstler, so war es Vitte in den zwanziger Jahren des letzten Jahrhunderts.

Einen eigenständigen Platz unter den Malerinnen nahm Elisabeth Büchsel ein. Die Stralsunderin kam 1904 mit 37 Jahren erstmals auf die Insel, verliebte sich in das Land und verbrachte hier ein halbes Jahrhundert lang die Sommer. Als Künstlerin mit internationaler Ausbildung hat sie das umfangreichste Werk an Bildern über Hiddensee erschaffen.

Es war ein mannigfaltiges und vielfältiges Beobachten, Niederschreiben, Malen, Gestalten, Reden und Erleben auf der Insel. Das winzige Eiland am Rand von Deutschland war in den Sommermonaten das »geistigste aller deutschen Seebäder«, wie Hauptmann feststellte. Für den kauzigen und künstlerischen Ettenburg wäre das sicher eine Freude gewesen. Welche Entwicklung hätte wohl Hiddensee genommen, wenn sich die gesellschaftlichen Verhältnisse ab 1933 nicht derart geändert hätten?

Der Machtantritt der Nationalsozialisten veränderte das Leben massiv, da viele Gäste jüdischer Abstammung waren. Die meisten der Künstler mussten die Insel verlassen, wurden verhaftet oder gar ermordet. Nach 1936 beeinflussten auch Baumaßnahmen das Bild der Insel. Im Rahmen des Landarbeiter-Wohnungsbaus wurde nördlich der Kirche in Kloster eine Kleinsiedlung gebaut. Im Frühjahr 1937 begannen die Arbeiten am Hucke-Damm. Dazu wurde vom Hafen in Kloster eine Feldbahn quer über die Insel errichtet, um die antransportierten Steine bis zum Außenstrand zu schaffen. Ab Herbst 1938 baute man eine schwere Flak-Batterie am Enddorn im Norden einschließlich unterirdischer Bunker am Dornbusch-Hang. Die 100-200 ständigen Bauarbeiter bescherten den Wirten auf der Insel gute Zeiten. Obwohl viele der Stammgäste ausblieben, ab 1935 waren Juden unerwünscht und ab 1938 von den Badeeinrichtungen ausgeschlossen, verzeichnete man steigende Gästezahlen. Wie überall in Deutschland wurde das Leben allerdings von der nationalsozialistischen Ideologie bestimmt, der auch viele Prominente verfielen. Andere arrangierten sich mit den Verhältnissen oder blieben ganz weg. Es war sicher ein Glück für die Insel, dass die gerade erst fertiggestellten Flak-Stellungen bereits 1939 wieder abgebaut wurden, um mit ihnen die Stellungen an der Nordsee zu verstärken.

Bis zum Kriegsende gab es keine militärischen Angriffe auf Hiddensee. Zum Ende des Krieges verzeichnete die Insel etwa 5.000 - 6.000 Flüchtlinge. Die Besatzung durch die russische Armee brachte Plünderungen und Vergewaltigungen, bis das Leben wieder normale Formen annahm.

Vitte hat für uns an diesem Vormittag einen düsteren Charakter. Um auf andere Gedanken zu kommen, fahren wir mit dem Rad weiter nach Süden und biegen auf der Hälfte der Strecke zwischen Vitte und Neuendorf vor der Hotelanlage Heiderose in Richtung Bodden und Fährinsel ab. Auf einem Betonplattenweg gelangen wir bis zum schilfgesäumten Ufer, das durch einen etwa 180 m breiten Boddenarm von der Fährinsel getrennt ist. Am Ende des Weges gewährt ein schmaler Wasserarm durch das Schilf einen Blick auf die Insel. Über diese Stelle erfolgte ein Fährbetrieb von Rügen nach Hiddensee, der bereits Ende des 17. Jahrhunderts erwähnt wurde. Die Familien der Fährleute lebten auf der reichlich 1 km langen und 580 m breiten Insel. Von Hiddensee war es früher einfach, den Fährmann zu rufen. Schwieriger war die Verständigung von Rügen aus, denn die knapp 2 km von Seehof auf Rügen konnte man mit der Stimme nicht überbrücken. Oftmals mussten die Reisewilligen lange warten und sich durch Hin- und Hergehen oder durch Winken bemerkbar machen. Eine besondere Herausforderung war das bei schlechtem Wetter. Dann waren die Reisenden den Unbilden der Natur preisgegeben, bis der Fährmann ihrer gewahr wurde. Anfang des 20. Jahrhunderts erhielt auf Wirken des Inselpastors Arnold Gustavs die Fährinsel eine Telefonverbindung nach Rügen, sodass der Fährmann bequem im Voraus gerufen werden konnte. Der

Dienst war für die Fährleute ein harter Beruf und für die Reisenden eine beschwerliche Angelegenheit. Bei niedrigem Wasserstand wurden sie sogar auf dem Rücken der Fährleute zu den Booten getragen. 1952 wurde die Fährverbindung offiziell eingestellt. Heute ist die Insel renaturiert und als Naturschutzgebiet für Besucher gesperrt.

Auf einer Bank, umgeben vom Schilf des Uferbereichs ruhen wir ein wenig aus. Auch hier kommen uns menschliche Schicksale in den Sinn, wenn wir daran denken, dass es erst seit 1905 einen Arzt auf der Insel gab. Im 19. Jahrhundert war der nächste Arzt in Gingst auf Rügen ansässig und hatte eine sehr weite und lange Anreise. Nur in seltenen Fällen und bei wichtigen Personen, zu denen Alte und Kinder nicht zählten, wurde dieser nach Hiddensee geholt. Meistens überbrachte ein Bote dem Arzt recht ungenaue Beschreibungen der Krankheitssymptome und kam mit den Behandlungsempfehlungen einer Ferndiagnose zurück, die nicht immer der Heilung des Leidens dienlich war. Nachdem sich endlich ein Arzt auf Hiddensee niederließ, dauerte es dennoch viele Jahre, bis ein guter Mediziner gefunden wurde, der das Vertrauen der Bevölkerung genoss.

Wir radeln zurück bis zum Hauptweg und von da Richtung Neuendorf. Wenig später sehen wir auf der linken Seite die Hotelanlage »Heiderose«. Die Geschichte der ehemaligen Betreiberfamilie Krüger wäre Stoff für eine Familiensaga über drei Generationen. 1905 eröffnete Paul Krüger das »Gasthaus zur Heiderose«. Zwei Weltkriege brachten der Familie viele Probleme und menschliche Verluste, aber die Gastwirtschaft und Pension mit angeschlossener Landwirtschaft konnten erhalten und weiterbetrieben werden. Durch politische Willkür der

DDR-Regierung wurden 1953 mit der »Aktion Rose« 500 Gastwirte an der Ostseeküste verhaftet und angeblicher Wirtschaftsvergehen angeklagt. Zwei Brüder der Familie Krüger gehörten dazu. Ihnen wurde vorgeworfen, durch die eigene Landwirtschaft und den Fischfang Wirtschaftsgesetze verletzt zu haben. Im Rahmen der Amnestie nach dem 17. Juni des gleichen Jahres kamen sie wieder frei. Mit dem Bau der Bungalowsiedlung im Umland der Heiderose wurde die Gastwirtschaft in den folgenden Jahren in den organisierten FDGB-Feriendienst integriert und die Familie verlor den Mut und die Kraft, das Anwesen weiter zu bewirtschaften. Sie verkauften dieses zu einem Spottpreis an den VEB-Betrieb der Simson-Werke Suhl, der das Bungalowdorf gebaut hatte. Einige Familienmitglieder arbeiteten fortan als Angestellte im ehemals eigenen Haus. Mit der Wende wurde die Heiderose ein zweites Mal veräußert und zum heutigen Hotel umgebaut.

Ich besinne mich darauf, dass wir zur Zeit des ersten Verkaufs der Heiderose 1974 bereits Schulkinder waren. Die Geschichte, zumindest die der DDR-Zeit, ist für uns greifbar, in den Erinnerungen gegenwärtig, aber weder damals noch heute verständlich und akzeptierbar. Auch wenn wir inzwischen wissen, dass die sozialistische Abgeschiedenheit in manchen Punkten Vorzüge bot, die wir erst jetzt als solche erkennen, gehört die Geschichte der Heiderose zweifellos nicht dazu. Eigenständigkeit und Individualismus waren in der damaligen Gesellschaft nicht gewünscht und wurden teilweise auf verbrecherische Art unterbunden. Dennoch hatte sich Hiddensee zu DDR-Zeiten das Image des Besonderen bewahrt. Die Insel war Ziel der Künstler und Intellektuellen aus der systemtreuen und gesellschaftlich anerkannten Garde. Aber auch systemkritische Kreise, Freidenker und kirchlich Organisierte diskutierten im Rahmen des Rüstzeitheimes der evangelischen Kirche in Kloster die gesellschaftskritischen Themen. Und dann gab es noch diejenigen, die abseits vom kollektiven Einheitsurlaub ein wenig Individualismus suchten. Dabei machte der Blick zu den silbern schimmernden Kreidefelsen der Insel Mön die Grenzen der erlebbaren Welt bewusst und nährte den Wunsch nach Freiheit.

»Als ich das erste mal mit meiner Mutter hier war, hatten wir einen FDGB-Ferienplatz mit Vollpension. Da sind wir mit 100.- Mark angereist und 14 Tage hingekommen«, meint meine Frau.

»Ja, nicht alles war schlecht. Heute würde man ›All Inklusive‹ sagen und müsste mindestens eine Null an die Kosten anhängen. Manchmal erscheint es mir heute fast so, als hätten wir damals in einem Museum gelebt. Wenn das Personal nicht hingeschaut hat, haben wir unser eigenes ›Ding‹ gemacht und sonst waren wir gehorsame Ausstellungsobjekte.«

In unserer heutigen Zeit sind Freiheit und Eigeninitiative umso mehr angesagt, jeder ist wieder seines Glückes Schmied. Das ist ein großer Wert und ein hohes Gut. Der Preis dafür ist wohl, dass die Gemeinschaft heute weniger zählt. Viele setzen sich natürlich auch für andere ein, aber wir haben auch eine selbstverliebte Ellbogengesellschaft entwickelt, die in überheblicher Selbstüberschätzung meint, alles lösen zu können.

»Ich glaube, heute ist nicht der beste Tag. Lass uns zurückfahren. Der nächste Tag bringt neuen Mut. Du weist ja, der Morgen ist klüger als der Abend.«

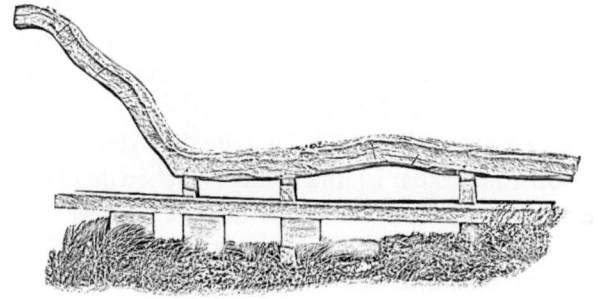

Ein Regen reinigt

Ich bin mir nicht sicher, ob dieser Morgen klüger ist, als der vorherige Abend. Tatsache ist, dass es draußen wieder regnet. Dennoch wage ich einen neuen Versuch beim Bäcker. Es ist erst kurz nach sieben Uhr und im Laden stehen nur zwei Kunden vor mir. Die junge Verkäuferin erledigt ihren Job gewohnt emotionslos, was die guten Brötchen keineswegs schlechter macht. Ich mag besonders die hellen Doppelten. Beim Auseinanderbrechen der beiden Hälften habe ich die Angewohnheit, am frischen Teig zu riechen. Es ist immer wieder erstaunlich, welch unterschiedliches Aroma die Brötchen haben können. Dieser Geruch erinnert mich an eine Sorte, die es bei meinen Großeltern regelmäßig vom Hausbäcker gab. Der Regen lässt uns lange frühstücken und danach etwas in der Urlaubsliteratur schmökern. Wir müssen nichts tun, keine Termine, nicht einmal eine Führung, die wir unbedingt besuchen sollten.

Die Zeiteinheiten des Alltags beginnen zu verschwimmen und werden zu einer ungeteilten Masse, die nur vom natürlichen Rhythmus von Tag und Nacht bestimmt ist. Wir nähern uns der Lebensweise der Fische im Aquarium an, nicht nur, weil das Wasser draußen daran erinnert, sondern weil wir allmählich das Zeitgefühl verlieren. Das, was sonst so kostbar ist und häufig zwischen den Fingern zerrinnt, ist im Überfluss vorhanden. Je weniger wir auf die Uhr schauen, desto langsamer scheint die Zeit zu vergehen. Eine interessante Erkenntnis und ein schönes Gefühl.

»Was haben wir heute überhaupt für einen Tag?«

»Heute müsste Samstag sein.«

Etwas später suche ich dann doch nach einer Abwechslung. In der Zimmermappe hatte ich gelesen, dass es eine Etage höher Staubsauger für die eigene Reinigung des Appartements gibt. Das halte ich für eine gute Idee.

»Wenn der Regen draußen reinigt, sollten wir hier drinnen auch mal saugen!« verkünde ich, in der Meinung, das typische Wort »wir«, bezieht sich auf den jeweils anderen.

Letztlich teilen wir uns die Arbeit, ich hole das Arbeitsgerät und meine Frau saugt. Danach widmen wir uns wieder der Lektüre.

Für das Mittagessen wagen wir uns bis zum Räucherkutter am Hafen. Den leckeren Räucherfisch gibt es auch bei Regen. Gäste sind rar und wir finden einen überdachten Platz auf dem schiefen Vorschiff. Auf dem Rückweg nehmen wir uns für den Nachmittag noch etwas Kuchen beim Bäcker mit und meine Frau erhält eine Vorstellung davon, worüber ich nach meinen morgendlichen Bäckerbesuchen immer berichtet habe. Es regnet ohne Unterbrechung, Besserung ist nicht in Sicht und wir ziehen uns in unsere Behausung zurück.

Am Vormittag hatte ich in Arnold Gustavs Heimatbuch »Die Insel Hiddensee« gelesen. Er war 45 Jahre lang Pfarrer auf der Insel und hat fast sein ganzes Leben in tief empfundener Liebe zum Land hier verbracht und dies als »Geschenk« beurteilt. Besonders fasziniert war Gustavs immer wieder von dem weiten Blick, der sich von den Höhen des Dornbuschs über das Meer erstreckt, mit den Kreidefelsen der Insel Mön in der Ferne. Um sich die Faszination dieses Blickes zu bewahren, ging er oft monatelang nicht auf die Anhöhe, um ihn nach einer längeren Zeit in seiner überwältigenden Schönheit mit »frischen Sinnen« neu zu entdecken. Enthaltsamkeit als Weg zu neuen Einsichten. Die Methode ist keineswegs neu, sie ist ein Grundbestandteil der meisten Religionen und heute so aktuell wie früher. Dazu müssen wir uns nicht zwangsläufig bedeutende Einschränkungen auferlegen. Gustavs zeigt uns, dass auch die kleinen Dinge ein großes Glück sein können.

Die Hiddenseer lehren uns, dass die Entbehrungen, die sie mit ihrer körperlichen Intensität erleben mussten, die Beziehung zu dem Lande umso enger werden ließ. Keiner will die Armut und das Leiden früherer Zeiten zurück, aber wir könnten wohl auf manches Wohlstandsprodukt verzichten, ohne uns maßgeblich einzuschränken.

Am späten Nachmittag regnet es nur noch leicht und wir unternehmen, ausgestattet mit dem vielen angelesenen Wissen über Hiddensee, einen Rundgang durch Kloster. Auf dem kurzen Weg von unserem Haus zum Hotel Hitthim gehen wir durch einen alten Torbogen, hinter dem einstmals das Klostergelände lag. Der Steinbogen stammt aber nicht von der Klosteranlage, sondern wurde erst im 18. Jahrhundert im Zusammenhang mit dem Gutshof errichtet und in neuerer Zeit rekonstruiert. Linker Hand vor dem Durchgang steht das alte Schul- und Küsterhaus, das 1840 gebaut wurde. Heute dient das sanierte Gebäude als Gemeindehaus und »Galerie am Torbogen« mit wechselnden Ausstellungen.

Torbogen in Kloster

Während der Klosterzeit hatte Hiddensee eine kulturelle Bedeutung über die Grenzen der Insel hinaus. 1296 schenkte der Rügenfürst Witzlaw II. die gesamte Insel dem Zisterzienserkloster Neuenkamp, das gleich darauf die Abtei Nikolauskamp als selbstständiges Kloster auf Hiddensee gründete. Als »Mitgift« erhielt das Kloster drei Salzpfannen in Lüneburg. Dazu gehörte auch das Recht über das Strandgut. Leid und Verlust der Schiffbrüchigen war demnach eine relevante wirtschaftliche Größe. 1302 wurde die ehemalige Gellenkirche am damaligen Südende der Insel errichtet und vier Jahre später mit einem Leuchtfeuer ausgestattet. Die Kapelle des Klosters baut man vor dem Klostertor an der Stelle der heutigen Inselkirche. In den folgenden 200 Jahren spielte der Orden eine bedeutende Rolle bei der Christianisierung und Germanisierung der vormals slawischen Gebiete. Die Lehre der Enthaltsamkeit, das Leben im Glauben und der Lebensunterhalt von der eigenen Arbeit sollte die zentrale Motivation der Mönche sein. Aber auch sie waren nur Menschen mit Ihren Schwächen und Lastern, die keineswegs nur an das Wohl der Gemeinschaft oder der Mitmenschen dachten. Mit dem zunehmenden Reichtum des Klosters setzte ein moralischer und wirtschaftlicher Verfall ein. Ab 1525 erfolgte die allmähliche Auflösung des Klosters und wenig später die endgültige Schließung. Die Gebäude verfielen und der Dreißigjährige Krieg zerstörte den Rest. Mit dem Ende des Klosters vergrößerte sich nochmals die Armut der Inselbewohner.

Wäre heute freundlicheres Wetter gewesen, dann hätten wir uns sicher nicht die Zeit genommen, um Anregungen in der Literatur zu finden und den Gedanken freien Lauf zu lassen. Obwohl uns der Wohlstand immer bessere Hilfsmittel bietet, Dinge schneller und einfacher auszuführen und im gleichen Zeitraum umfangreicheres zu vollbringen als früher, haben wir mehr denn je das Gefühl, Zeitmangel zu haben. Zeit wird zum Luxusgut und es war wohltuend, heute in der Zeit zu schwelgen. Vollbracht haben wir nicht viel, aber der Tag war nicht vergebens. Er bot den Raum zum Nachdenken, zum Bewusstmachen einer inneren Zufriedenheit und zum Ansporn für notwendige Änderungen in der Gemeinschaft. Wie der Regen manchen Schmutz abspült und die Natur reinigt, so ist der Geist im Reinen mit dem eigenen Leben und dem Glauben an die eigene Kraft und vor allem an das eigene Handeln.

Ein neuer Anfang

Inzwischen ist es eine Regelmäßigkeit, der frühe Gang zum Bäcker, einige Runden im Schwimmbad und ein Frühstück in morgendlicher Ruhe. Mit dieser Tradition bewegen wir uns zwischen einer liebenswerten, beständigen und gewohnten Handlung und einer aufkommenden Eintönigkeit mit ausbleibenden Veränderungen. Beim Frühstück philosophieren wir ein wenig über den Sinn von Traditionen. Das Ingenieurwesen war zum Beispiel eine Tradition in Deutschland. Dafür benötigte es vor allem drei Dinge: Kenntnis und Beherrschung des Vorhandenen, Erfindergeist mit visionärem Denken und drittens eine große Kompromissbereitschaft, um vielversprechende Wege, die sich als Sackgassen erweisen, wieder zu verlassen. Den Kurs zu korrigieren ist kein Makel, sondern Ausdruck einer Stärke, an der Lösung zu arbeiten und nicht dem Selbstzweck zu dienen.

Da wir in technischen Berufen tätig sind, berührt uns das Thema. Immer muss alles innovativ sein, Gleichmäßigkeit bedeutet Rückschritt. Innovation ist der Schlüssel zum Erfolg und dennoch packen die Hersteller modernste Technik in behutsam modernisierte Gehäuseformen aus den 1960er Jahren. Sie lassen alte Kultautos und Markennamen wieder aufleben und bewerben diese mit historischen Werbebannern, die an eine Zeit erinnern, die scheinbar bessere Werte vermittelt hat, als die Gegenwart. Wir profitieren von den Fortschritten aktueller Technologien und sind gleichzeitig durch sie überfordert. Die Neugier weckt die Sehnsucht nach dem Unbekannten, während ein innerer Schutzmechanismus eine Angst und Unsicherheit vor jeglicher Veränderung erzeugt, weil wir sie womöglich nicht beherrschen und eben diese Traditionen verloren gehen könnten. Es muss ein ausgewogenes Verhältnis zwischen Neugestaltung und Beständigkeit vorhanden sein. Vor lauter Dynamik, Fortschritt und digitaler Welt ist uns der »Goldene Schnitt« abhandengekommen, die Harmonie, die von diesem Teilungsverhältnis ausgeht.

Das Neue bringt uns kurzzeitige Abwechslung, ist aber in den Gedanken flüchtig, während sich gelebte Traditionen im Gedächtnis verankern. Werte und Traditionen sind ein Teil der Kultur, die von politischen und religiösen Einflüssen begrenzt wird. Insbesondere die deutsche Gesellschaft ringt schwer an einer Wertediskussion, die uns unsere Traditionen bewusst machen kann, ohne die kritischen Grenzen zu einem nationalistischen Ansatz zu überschreiten. Wie bei der Erziehung der Kinder und Jugend braucht das Gesellschaftssystem solche Diskussionen für eine Besinnung und einen Halt innerhalb einer moralischen Vertretbarkeit. Die Kultur mit ihren Traditionen bestimmt unsere Identität, unsere Grundwerte und die Art und Weise des Zusammenlebens. Politik und Religion sind nur Mittel und Werkzeuge, dieser Identität einen organisatorischen Rahmen zu geben.

Hier auf der Insel, fern von den Zwängen des Alltags lösen wir unbewusst und mit Leichtigkeit diesen Zwiespalt, indem wir uns an Traditionen erinnern oder in Miniatur welche schaffen, sei es auch nur durch ein morgendliches Ritual. Andererseits gehen wir auf Entdeckungstour und erleben neue kulturelle Erfahrungen. Beides zusammen, Tradition und Innovation in einem ausgewogenen Verhältnis lässt ein Gefühl von lebenswerter Heimat aufkommen. Zweifellos ist diese Erkenntnis im Urlaub leicht umzusetzen, wenn man ausgeruht und entspannt in den Tag lebt und nicht von gesellschaftlichen, beruflichen, finanziellen oder sonstigen Gründen reglementiert wird. Es ist auch einfach, »neue« Kultur zu entdecken, die dem gleichen Land und Kulturkreis entspringt. Es ist eine idealisierte Sichtweise, sich der eigenen Tradition bewusst zu sein und zumindest unvoreingenommen und interessiert unbekannten Erfahrungen gegenüberzutreten. Die Gedanken bleiben ein Ansatz und Versuch der Erkenntnis.

Keineswegs frustriert, sondern von den eigenen Zielen angetrieben und bereit, neues zu entdecken, fahren wir erneut mit dem Rad nach Vitte, denn heute hat das zweihundert Jahre alte Haus der »Blauen Scheune« für eine Besichtigung geöffnet. Unterwegs treffen wir wieder auf die Gruppe Pferde, die in gewohnter Tradition an ihrem Platz auf der Wiese zusammenstehen. Wir verweilen einen Moment und erfreuen uns an dem Bild gelebter Gemeinschaft. Es ist ein angenehmes Gefühl, wenn die Insel in einer erwarteten Monotonie einen Gleichklang vermittelt.

Die »Blaue Scheune« in Vitte gehört zu den markantesten und bekanntesten Objekten auf Hiddensee, obwohl sich das reetgedeckte Haus mit dem eindringlichen blauen Anstrich kaum sichtbar hinter dichtem Buschwerk versteckt. Die ehemalige Scheune einer nebenan liegenden Bäckerei wurde durch Henny Lehmann 1924 erworben und als Arbeits- und Ausstellungsraum für den Künstlerinnenbund hergerichtet. Damals erhielt das Haus den farbintensiven Anstrich.

Das Gebäude könnte beispielhaft für den Verfall der künstlerischen Kreativität und Freiheit während der Zeit des Nationalsozialismus stehen. Der Maler Günter Fink erwarb 1955 das baufällige einstige Ausstellungshaus, nachdem er bereits 1949 in der notdürftig hergerichteten Scheune Bilder ausgestellt hatte. In mühevoller und ausdauernder Arbeit erweckte er das Haus zu neuem Leben und schuf sich hier ein eigenes künstlerisches Reich. Es war eine Lebensgestaltung in und mit dem Gebäude, an Tagen der Hitze und in Nächten voll Sturm, Blitzen und Donner und den drohenden Wassermassen von See und Bodden in direkter Nähe. Damals reichte der Bodden ohne schützenden Deich fast bis an das Haus heran.

In Rückblicken auf sein Schaffen resümiert der Maler, dass die Lebenszeit zu viele Stunden an Tätigkeiten umfasst, die zum Leben notwendig sind, aber nicht zu dessen eigentlichen Sinn gehören. Das fordert die Frage heraus, was zum Sinn des Lebens gehört? Für Fink war es zunächst eine persönliche Aufgabe, eine Berufung und Bestimmung, malen zu müssen, um den Menschen die eigene Sicht nahe zu bringen. Am Ende schätzt Fink ein, dass er wohl in erster Linie für sich selbst malte und dabei seine Erfüllung und seinen Frieden gefunden hat. Das ist eine weise Erkenntnis. Das, was wir für uns tun, aus eigenem Antrieb, was uns eine innere Freude bringt, was wir als Erfüllung ansehen, nachdem wir es vollbracht haben, gehört zum Sinn des Lebens. Alles andere ist ein Teil von dem, was für das Leben notwendig ist. Damit können wir aber auch die Grenze zwischen dem Notwendigen und dem Sinnfüllenden nach individuellem Ermessen verschieben, indem wir Dinge und Tätigkeiten als Erfüllung und persönliche Bereicherung wahrnehmen und somit dem Inhalt des eigentlichen Lebenssinns hinzufügen. Wir müssen selbst dem eigenen Leben einen Sinn geben, das nimmt uns kein Gott und nicht der beste und schnellste Computer ab.

Das Haus der »Blauen Scheune«, die uralten Balken, die morsch aussehen aber mit steinerner Härte in ihrem Inneren das Dach tragen und die Bilder, die darin ausgestellt sind, entfalten mit diesen Einsichten eine andere Wirkung. Ein klein wenig kann man sie mit den Augen des Malers sehen. Die Geschichte eines Hauses wird lebendig, dass nach einer ersten Nutzungsgeschichte als Scheune durch den Künstlerinnenbund eine neue Bestimmung fand. In der »dunklen Zeit« verfiel es und fand in Günter Fink einen unermüdlichen Bewahrer, der die Erhaltung des Gebäudes zu einem Teil seines Lebenssinns machte.

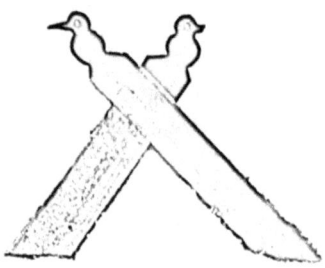

Ein Ziel auf der Insel ist für uns noch nicht vollbracht. Wir müssen das südliche Ende noch erkunden, das wir allerdings auch am heutigen Tag nicht erreichen. In Neuendorf überrascht uns ein Regenguss, der zur Einkehr in die »Stranddistel« zwingt. Die Fischsoljanka in diesem Haus wird von den Reiseführern empfohlen und ist wirklich gut. Dennoch ist der persönliche Inselfavorit die Fischsuppe im Inselimbiss in Kloster. Nachdem das Wetter eine Besserung zeigt, entscheiden wir uns für den Rückweg nach Kloster und der Urlaubstradition entsprechend zu einem Besuch von »Schillings Hafen Amt«, diesmal für einen Kaffee.

Eine Faszination der Insel sind die kurzen Wege zwischen den Orten, die man mit dem Rad schnell zurücklegt und am Ende der Fahrt jederzeit einen »Parkplatz« findet. Obendrein kommt es auf die Schnelligkeit nicht an. Der Weg ist das sprichwörtliche Ziel und genauso interessant und genussvoll wie das eigentliche Reiseziel. Deshalb fahren wir später nochmals nach Grieben im Norden und biegen hinter dem Ort auf dem Plattenweg in Richtung der Dornbuschberge ein. Ziel ist der Swantiberg gegenüber dem Leuchtturm, der namentlich nicht mit der Swantewitschlucht zusammenhängt. Deren Name stammt von dem Schauspiel »Swantewits Fall«, dass Alexander Ettenburg in der Schlucht aufführte, sodass sich diese Bezeichnung einbürgerte. Der Name des Berges ist dagegen alter Herkunft. Swanti bedeutet im Slawischen »heilig«. Möglicherweise befand sich in früherer Zeit auf dem Berg eine Kultstätte.

Die Räder stellen wir ab, als die Steigung zu stark wird. Wir gelangen über einen schmalen Pfad bis zum Gipfel von reichlich 60 m. Auf einem kleinen Plateau unterhalb des höchsten Punktes steht etwas windgeschützt hinter dem Dornengestrüpp der Berghänge eine Bank zum Ausruhen. Von hier bietet sich für mich der schönste Blick über das Hochland des Dornbuschs. Auf der einen Seite die Berge mit dem Leuchtturm und den benachbarten Hügeln, in der anderen Richtung die Aussicht auf das flache Land des Enddorns und die Landzungen des Bessins. Als ein in der Sonne leuchtend gelber Planwagen von Grieben kommend unterwegs ist, erinnert mich das Bild an eine amerikanische Westernlandschaft aus den Indianerfilmen früherer Jahre. Falls Sie einmal hier auf der Insel sein sollten, gönnen Sie sich die Ruhe dieses kleinen Berges. Beobachten Sie die Menschen aus der Ferne, wie sie die Hügel rund um den Leuchtturm bevölkern oder auf dem ebenen Land des nördlichsten Inselteils wandern, radeln oder sich mit dem Pferdewagen kutschieren lassen.

Der Blick aus der dieser Perspektive lässt uns die Insel neu erleben. Es ist ein ähnlicher Effekt, wenn man seinen gewohnten Sitzplatz zu Hause wechselt und Tisch und Stuhl an einem anderen Platz im Raum aufstellt. Mit einem Mal wirkt das vertraute Zimmer auf unbekannte Art und man entdeckt Dinge, die man nicht mehr wahrgenommen hat. Wir sollten tatsächlich öfter die Perspektive wechseln. Eine ganze Weile genießen wir ungestört den schönen Ort, bevor wir zu den Rädern gehen und nach Grieben fahren.

Den Abend beschließen wir im Gasthaus zum Enddorn, nicht zu verwechseln mit dem benachbarten Hotel zum Enddorn, mit einer erotischen Mahlzeit. Wir wählen einen »Flotten Dreier« und »Müllers Lust«, was sich natürlich nur auf die Zusammenstellung der Speisen auf dem Teller bezieht. Hier hat sich jemand kreativ betätigt. Die urige Lokation mit vier kleinen und rustikal eingerichteten Stuben und allerlei Bildern und maritimen Sammelstücken hat eine lange Tradition. Der eigenwillige Dichter, Schauspieler und Hiddenseefreund Alexander Ettenburg kaufte 1888 eine alte Fischerkate, die an dieser Stelle stand und eröffnete hier seine »Schwedische Bauernschänke«. 1920 wurde dann auf dem Gelände das Gasthaus errichtet. Da es bei unserer Ankunft früher Abend war, gab es neben den reservierten Tischen diesmal noch einige freie Plätze. In der folgenden Stunde war das schon schwieriger. An einem Nachbartisch wurde sogar die Aufnahme von Essenbestellungen auf später vertagt, da die Küche überlastet sei. Die Organisation bietet also Verbesserungspotential. Da wir beim ersten Besuch ebenfalls keinen Platz gefunden hatten, empfiehlt sich eine Reservierung. Das Essen war sehr gut, wie überall in den Gaststuben der Insel.

Mit einem Fischessen entsprechen wir den Esstraditionen der Inselbewohner in früheren Zeiten. Für Landwirtschaft bot das kleine Land nicht ausreichend Fläche, auch die Tierhaltung auf den Weideflächen war begrenzt, weshalb der Fischfang die Hauptversorgung sicherstellte. Um den Fang zu konservieren, wurde er mit Gewürzen sauer gekocht und war danach im Steintopf mehrere Wochen haltbar. Teilweise wurde der Fisch auch getrocknet. Die herbstlichen Aalfänge wurden eingesalzen und konnten dadurch über den Winter eingelagert werden. Vor dem Verzehr wässerte man den Aal 24 Stunden, um ihn dann als Salzaal mit Senfsoße oder als Schmoraal ähnlich einem Gulasch zu bereiten. Ein solches Gericht mit seinem originalen Geschmack würde bei den Gästen sicher wenig Zustimmung finden, dafür sind unsere Gaumen viel zu verwöhnt von der Vielfältigkeit heutiger Möglichkeiten bei der Zubereitung.

Als wir wieder nach draußen treten, hat sich die abendliche Stille über die Insel gelegt. Wohltuend ist die frische Luft, die befreiende Weite gegenüber dem engen Gastraum. Gut gesättigt, mit den Aromen der Gewürze auf der Zunge und im Gedächtnis signalisiert der Körper Wohlbehagen und gibt dem Geist Ruhe und Zeit für andere Dinge, bevor er sich erneut mit der Nahrungsaufnahme beschäftigen muss. Der Rückweg nach Kloster steigt zunächst leicht an und wird beiderseits von Wiesen gesäumt, auf denen kleine Gruppen von Pferden ein reichhaltiges Abendmahl von Blumen, Kräutern und Gräsern finden. Obwohl wir fahren könnten, schieben wir unsere Räder, um die Atmosphäre der Umgebung eine längere Zeit aufnehmen zu können. Die Sonne wird von dichten Wolken verdeckt, man kann ihren Stand nicht ausmachen und das trübe Licht des Tages geht allmählich in die Dämmerung des Abends über. Ohne die verklärende Stimmung des Sonnenuntergangs zeigt sich die Landschaft in ihrer ursprünglichen, entblößten Form. Sie führt mit ihren Konturen sanfter grüner Hügel den Blick des Betrachters und setzt mit ausgewählten Objekten von einzelnen Häusern, Bäumen und Buschwerk sowie Gruppen zusammenstehender Pferde Akzente der Schönheit.

Andere Wege, neue Perspektiven

Den folgenden Tag beginne ich mit dem obligatorischen Besuch beim Bäcker. Die Zeit vor halb acht hat sich bewährt, es sind nur wenige Kunden im Laden. Die Auswahl ist mir inzwischen vertraut, der angebotene Kuchen sieht jeden Tag vielversprechend aus, offenbart sich aber dann doch immer wieder als reichliche Teigschicht mit sparsamen Belag. Die Brötchen sind dagegen sehr gut und der Hauptinhalt meiner Bestellung.

Anschließend widmen wir uns nochmals dem Ort Kloster. Wir wollen nach den Sommerhäusern von Max Taut suchen, die bei der Führung im Asta Nielsen Haus vorgestellt wurden. Zwei der Gebäude, das »Karusel« und das Haus »Weidermann« hatten wir ja bereits in Vitte kennengelernt. Die beiden anderen müssen wir natürlich ebenfalls ausfindig machen. Das Haus »Gehlen« am Biologenweg ist recht leicht zu finden und wir sind hier schon vorbeigekommen. Es entstand 1925 als letztes der vier Bauten für den Leipziger Verlagsdirektor Dr. Max Gehlen und dessen Familie als einfaches, aber repräsentatives Sommerhaus. Das Grundstück unterhalb der Lietzenburg erwarb Gehlen von Oskar Kruse.

1930 wurde das Haus verkauft und danach regelmäßig in den Sommermonaten durch die »Biologische Forschungsstation Hiddensee« als Wohn- und Arbeitshaus für Doktoranden genutzt, wodurch der Name »Doktorandenhaus« entstand. Die spitzen Dreiecksgauben in den Firstlinien des Walmdaches blicken wie Augen in die Landschaft. Ein Fensterband fast über die gesamte Südseite unter dem weit überstehenden Dach prägt die Fassade des Hauses. Die Fenster ermöglichen einen kleinen Blick auf den nahezu original erhaltenen Innenausbau mit der Treppe in das Dachgeschoss.

Doktorandenhaus

Das Haus »Pingel« ist schon schwieriger zu finden und weist heute die größten Veränderungen zum Originalzustand auf. 1923 von Taut für den Berliner Innenarchitekten und Möbelhersteller Walter Pingel entworfen und 1924 gebaut, besaß der fast quadratische Grundriss ein hohes spitzes Reetdach, was dem Gebäude den Namen »Pingel-Pilz« einbrachte. Nach dem Krieg gab es bis in die heutige Zeit mehrfache Umbauten und Erweiterungen, sodass es heute als modernes, reetgedecktes Wohnhaus genutzt wird, dessen originaler Zustand nicht mehr erkennbar ist.

Neben der Häusersuche nehmen wir uns an diesem Vormittag ausgiebig Zeit, die Geschäfte in Kloster zu durchstöbern. Am Kirchweg gibt es einige Läden einschließlich der gut sortierten Inselbuchhandlung von Andreas Arendt mit einem Stammplatz für die Hauskatze.

Am Nachmittag wandern wir auf dem Weg oberhalb der Steilküste durch den Wald vom Ort bis zum »Klausner«. Eine Rechnung haben wir noch offen. Der »Apfelstrudel Klausner nach Art des Hauses« mit Apfelmus, Eis und Eierlikör war uns beim vorangegangenen Besuch in der Karte aufgefallen und für eine spätere Rückkehr vorgemerkt. Wie die Zutaten versprechen, überzeugt die Zusammenstellung. Wir blicken nochmals über die motivprägende Kiefer zum Leuchtturm. Auf dem Rückweg nach Kloster kommen wir am Inselblick vorbei, der eine vertraute aber doch immer wieder neue Sicht auf die Landschaft um Kloster und Vitte bis zum Gellen bietet, wo sich das südliche Ende der Insel im leichten Dunst verliert.

Der Natur nicht müde, fahre ich abends mit dem Rad nach Grieben und biege diesmal direkt hinter dem Ort in den ersten Weg zum Leuchtturm ein. Dieser führt durch eine langsam ansteigende Wiesenlandschaft mit niedrigem Buschwerk. Weiter oben dominieren die Bäume des Dornbuschwaldes, bis ich fahrend und schiebend aber vor allem gut durchgewärmt den Weg zwischen »Klausner« und Leuchtturm erreiche. Von hier fahre ich ein Stück Richtung Inselblick, biege jedoch davor wieder links ab und lasse mich mit dem Rad den Berg hinabrollen. Dieser Weg führt in einem Bogen durch die Wiesen des südöstlichen Dornbuschs und endet auf dem Leuchtturmweg nördlich von Kloster. Es ist wirklich faszinierend, wie sich die Perspektive und Sichtweise bei einem nur wenig abweichenden Weg ändert. Nicht weit entfernt und fast parallel verläuft die Hauptstraße von Kloster nach Grieben, auf der wir am Abend zuvor gegangen sind. An den Hängen der Hügel entfaltet sich hier eine Blütenpracht, wie ich sie in ihrer Vielfalt selten in natürlicher Umgebung auf so engem Raum gesehen habe.

Heute trägt die Sonne ihren Anteil zur abendlichen Stimmung bei. Sie neigt sich langsam der Meereslinie entgegen und hüllt das Land in die warmen Farbtöne eines Sommerabends. Noch dominiert das Blau des hohen Himmels. Am Horizont wird das helle Gelb bald einem kräftigen Orange der Abendröte weichen. Die Blumenwiese mit unzähligen Blüten und Farben scheint auf den ansteigenden Hängen des Dornbuschs in die Tönung des Himmels hineinzuwachsen. Es ist die Magie des Augenblicks, die uns manchmal und unerwartet begegnet, die man festhalten möchte, teilen und mit anderen gemeinsam erleben will. Gleichzeitig macht die Einzigartigkeit eines solchen Moments Angst, weil er wie alle Augenblicke des Lebens unwiederbringlich ist. Man wird sich der Endlichkeit des Seins der nichtlebenden und erst recht der lebenden Materie bewusst. Manches kann man an gleicher Stelle in ähnlicher Konstellation nacherleben, fast immer sind aber Details verschieden oder werden von anderen Gefühlen und Emotionen begleitet. In diesen einmaligen Momenten zeigt uns das Leben, das Schicksal, Gott oder einfach nur die irdische Natur, wie lebens- und erhaltenswert das Dasein ist.

Ich hätte sicher nicht zu der Wahrnehmung gefunden, wenn ich auf dem gewohnten Weg gegangen wäre. Wiederum liegen neue Erfahrungen und Einsichten nur einen Steinwurf vom bekannten Pfad entfernt. Das erfordert etwas Mut, diesen zu gehen und die Ausdauer, den Zugang dahin zu finden. Dazu muss man weder die eigenen Prinzipien aufgeben, noch den bisherigen Lebensweg verlassen. Es geht um die kleinen Dinge und Erkenntnisse, die das Dasein bereichern, ein Detail einer Lösung darstellen und uns selbst ein Stück zufriedener und glücklicher machen. Glück ist nur zum Teil vorherbestimmt, einen Anteil kann man erlernen.

Der Rückweg im abendlichen Dämmerlicht verläuft zwischen den Wiesen bis zum Leuchtturmweg. Die unebenen Betonplatten rütteln mich auf dem Fahrrad förmlich in die Gegenwart zurück. In mir bleibt aber ein sinnerfüllendes und zufriedenes Gefühl. Ich habe den vergänglichen Augenblick wahrgenommen, die Erkenntnis daraus wird erhalten bleiben. Schade, dass ich allein unterwegs bin, aber letztlich muss jeder einen Teil des Glücks selbst finden und manchmal auch den Freiraum haben, auf die Suche zu gehen.

Leuchtturm

Offene Wunden

Am nächsten Morgen gehen wir vor dem Frühstück zum Hafen, wo ich am Vorabend eine futuristische Yacht gesehen habe, die hier festgemacht hat. Durch die riesigen Fenster des Salons war ein noch größerer Bildschirm zu sehen, der auf die gehobene Ausstattung hinwies. Das Schiff liegt morgens unverändert an seinem Platz und strahlt in weißem Glanz mit den dunkel getönten Scheiben in der aufgehenden Sonne, schnittig und kantenlos wie aus einer anderen Welt. Da wir selbst häufig mit dem Boot unterwegs sind, haben wir in zahlreichen Häfen schon tolle Boote gesehen. Deshalb interessiert es uns, aber irgendwie passt es nicht so recht hier in die Gegend. Es steht außer Frage, dass Hiddensee auch für sehr modern orientierte Menschen viel zu bieten hat, es ist mehr die subjektive Erwartungshaltung, die eine solche Yacht hier nicht erwarten lässt. Die Bodenständigkeit des Hiddenseer Flairs verleiht der Insel noch heute den Charakter des Besonderen, etwas abgeschieden, keinesfalls abgehoben, und ungeachtet der kleinen Landfläche von großer Natürlichkeit. Am Nachmittag ist das Boot verschwunden und das Bild des Hafens hat wieder seine gewohnte Ordnung.

Am Vormittag überrede ich meine Frau zu einem Spaziergang auf den Wegen, die ich am Vorabend bereits erkundet hatte. In Zeiten zunehmender Singlehaushalte gewöhnen sich die Menschen vielleicht daran, Dinge nur für sich zu erleben und dafür die Unabhängigkeit des eigenen Lebens zu genießen. In der biologischen Evolution sind wir allerdings Herdentiere, die nur in der Gruppe überleben konnten. Wahrscheinlich sind die modernen sozialen Medien deshalb so beliebt, weil man in der Begeisterung über das selbst Erlebte, andere einbeziehen will, egal ob diese am momentanen Ereignis überhaupt teilhaben wollen. Das persönliche Erlebnis ist wertvoll, entfaltet aber nicht die Wirkung, wie eine gemeinschaftliche Erfahrung. Ich könnte mit meiner Frau auch die gemachten Fotos durchklicken, das Ergebnis bleibt eindimensional, nur mit den Augen wahrgenommen, alle weiteren Sinne sind unbeteiligt, wie bei den Bildern, die per WhatsApp das Handy fluten. Deshalb wandern wir zusammen noch einmal auf dem schönen Rundweg und nehmen, außer den optischen Eindrücken auch die Geräusche der Natur, den Geruch der Wiesen und die Formen der Landschaft mit ihren ansteigenden und abfallenden Wegen wahr. Dieses Stückchen Land wird zu unserer gemeinsamen Erfahrung.

Teilen hat häufig einen größeren Wert, als alleiniger Besitz, weil wir etwas dazugewinnen, das man nicht sieht, das nicht messbar ist, das keine materielle Bedeutung hat und das man nicht als Ware handeln kann. Es ist eine Form des Glücks, der inneren Befriedigung, die andere Wünsche und sogar physische Bedürfnisse in den Hintergrund treten lässt. Es ist die Philosophie des geteilten Brotes, das nur für einen reicht, aber viele sättigt.

Im Gegensatz zu den wenigen Katen, die im 19. Jahrhundert die Ortschaften bestimmten, hat die Insel in den letzten 100 Jahren einen regelrechten Bauboom erlebt. Dennoch nehmen die natürlichen Lebensräume einen wesentlichen Teil der Insel ein. Hiddensee gehört zum »Nationalpark Vorpommersche Boddenlandschaft« und umfasst zwei Naturschutzgebiete, die Dünenheide zwischen Neuendorf und Vitte und das Naturschutzgebiete

Dornbusch und Schwedenhagener Ufer im Norden. Der südliche Gellen, die Fährinsel und der Neu-Bessin sind für Besucher komplett gesperrt. Das Bemühen um den Schutz der Natur setzte mit den gestiegenen Besucherzahlen Anfang des 20. Jahrhunderts ein. Zu dieser Zeit war das Sammeln von Eiern in den Brutkolonien der Zugvögel und das Abschießen der Vögel zu einem Modesport geworden, der die gesamte Vogelwelt auf der Insel bedrohte. Um dem Treiben entgegenzuwirken, gelang es engagierten Hiddenseern, Wissenschaftlern und ornithologischen Vereinen die »Vogelfreistätte Hiddensee« zu schaffen und die gefährdeten Vogelarten in Teilen zu schützen. 1910 erhielt die Fährinsel einen besonderen Schutzstatus und die Jagd auf Vögel wurde verboten. Aufgrund der isolierten Lage der Insel, ihrer Beschaffenheit, Landschaft und Vegetation bot sie Lebensmöglichkeiten für eine außergewöhnlich große Zahl an Vögeln und fungierte wie ein übergroßer zoologischer Garten. Der Erste Weltkrieg und die wirtschaftlich schwierige Zeit danach machte einen Großteil der Schutzmaßnahmen zunichte. Es wurden wieder Eier gesammelt und abgeschossen, was vor die Gewehre kam. Erst Mitte der 1920er Jahre konnte dem erneut Einhalt geboten werden. Mit Eröffnung der »Biologischen Forschungsstation Hiddensee« 1930, dem ersten ökologischen Forschungsinstitut Deutschlands, wurde dem Schutz und der Erforschung der Natur auf der Insel eine neue Basis gegeben. Man erwarb das von Max Taut entworfene Haus »Gehlen« und richtete dort Forschungsräume und Wohnmöglichkeiten ein. Das Gebäude wurde zum »Doktorandenhaus«.

Der damalige Leiter der Forschungsstation, Prof. Dr. Leick trat zwar frühzeitig der NSDAP bei, konnte dadurch aber die Forschung zur Zeit des Nationalsozialismus fortführen und ausbauen. 1936 erfolgte die Umbenennung in »Biologische Forschungsanstalt Hiddensee« und Teile der Insel wurden unter Naturschutz gestellt. Gleichzeitig verlieh man der ornithologischen Abteilung die Bezeichnung »Vogelwarte«. Damit wurde Hiddensee neben Helgoland und Rossitten in Ostpreußen die dritte Vogelwarte Deutschlands. Ab 1951 arbeitete die Einrichtung im ehemaligen »Haus am Meer« in Kloster und wurde zur Zentrale für die Beringung von Vögeln in der DDR. Jährlich wurde die Kennzeichnung von mehr als 100.000 Vögeln auf dem Gebiet der DDR hier verwaltet und ausgewertet. Diesem über 100 Jahre währenden Wirken von Forschern und Naturschützern ist es mit zu verdanken, dass Hiddensee in seiner Natürlichkeit weitestgehend erhalten blieb.

Am Abend möchte ich meinen begonnenen »Pilger-weg« an der Steilküste vervollständigen. Den Weg von Kloster am Steinwall entlang bis zur Swantewitschlucht mit dem Aufstieg zum »Klausner« hatte ich bereits erkundet. Das Ziel ist der weitere Weg an der Küste bis zum Enddorn. Aufgrund der allgemeinen Warnungen vor möglichen Abbrüchen an der Küste kann ich meine Frau nicht zum Mitgehen überreden und muss mich mit der persönlichen Erfahrung begnügen. Somit laufe ich wieder zum »Klausner« und steige die Stufen bis zum Wasser hinab, um den Weg in nördlicher Richtung fortzusetzen. Es ist schon nach acht Uhr, die Sonne neigt sich dem Horizont und betont die braungelben Farben des nackten Steilufers. Die sanfte Dünung der See bricht sich mit einem Plätschern am steinigen Ufer. Jede Welle erzeugt kleine Rinnsale des zurückfließenden Wassers zwischen den Steinen, die scheinbar unverrückbar in unzähliger Anzahl am Strand liegen. Kaum vorstellbar, dass dieses bewegliche Element der Insel etwas anhaben könnte. Und doch erhebt sich die Küste wie eine offene Wunde des Inselköpers steil nach oben, ausgewaschen ragen die steinernen Knochen aus dem ausgespülten Sand. Die schützende Haut aus Gras, Büschen und kleinen Bäumen hängt teilweise über die Abbruchstellen hinweg, als wäre ein Teil der Insel von gewaltiger Hand ausgerissen worden. An manchen Stellen wälzen sich ganze Gletscher aus Sand, Ton und Steinen dem Meer entgegen. Die Verletzlichkeit und Vergänglichkeit der Insel wird hier besonders deutlich. Der verbliebene flache Landstreifen am Ufer ist in den kleinen Buchten breiter, um die Vorsprünge der sich aufbäumenden Steilküste schmaler, aber noch zu begehen. Nach etwa einer Stunde ist der Weg jedoch zu Ende.

An einer fast senkrecht aufragenden Wand reicht die See bis an diese heran, ein Weiterkommen wäre nur durch das Wasser möglich. Was mich hinter dem Vorsprung erwartet, ist nicht zu sehen. Ich denke an den Namen einer Stelle der Steilküste, die sich »Toter Kerl« nennt. Vor Jahren soll hier ein Seemann angespült worden sein, der bei einem Schiffbruch ums Leben kam. Die Erdmassen über mir auf der einen Seite, das Wasser der See zur anderen Seite und die Einsamkeit ohne weitere Besucher oder Handyempfang werden mir dann doch etwas bedrohlich. Die Sonne steht nur noch wenig über dem Horizont und verkündet baldige Dunkelheit. Auf dem zurückgelegten Weg ist mir niemand begegnet, sodass ich schnelleren Fußes als bisher den Rückweg antrete. Vielleicht als Dank für den vernünftigen Entschluss versinkt an diesem Abend die Sonne als glühender Ball im Meer und hinterlässt einen feuerroten Himmel.

Unbeeindruckt vom Naturschauspiel schwimmen zwei Schwäne nahe dem Ufer vorbei. Ich frage mich, ob die Tiere die Schönheit des Moments wahrnehmen. Wahrscheinlich ist es nur die instinktive Registrierung, dass es am heutigen Abend keine bedrohlichen Wetterereignisse geben wird und sie hier ohne Gefahr in Ruhe ihre Bahnen ziehen können. Anderes Kleingetier auf diesem schmalen Stück Land nimmt die Wärme der letzten Sonnenstrahlen auf. Die Erkenntnis vom Wesen der Zusammenhänge bleibt eine treibende und gleichzeitig bohrende Frage des menschlichen Bewusstseins, die es uns manchmal schwer macht, Dinge einfach so hinzunehmen wie sie sind, ohne ständig alles infrage zu stellen.

Als ich die Stufen der Hochufertreppe in der Swantewitschlucht erklimme, ist es im Wald schon dunkel und fast ein wenig unheimlich. Die genarbten und berindeten Wurzeln der Bäume ziehen sich nach Halt suchend, schlangenartig auf und unter dem Boden entlang. Es scheint, als könnten sie jederzeit ihre Position verändern. Oben in den Zweigen rauscht es stoßweise mit jeder Windströmung, als wenn sich der Wald über den abendlichen Besucher unterhält, der schnellen Schrittes die Stufen und den ansteigenden Weg durch die Schlucht erklimmt. Nicht zu Unrecht wird diese bewaldete Bucht mit ihrem Aufstieg auf die Berge des Dornbuschs als romantischste und schönste Stelle der Insel bezeichnet.

Oben beim »Klausner« liegt der Wald in Dämmerlicht. Mein Fahrrad steht allein am Fahrradplatz vor dem Biergarten, der mit einer menschenleeren Ruhe nichts von der täglichen Geschäftigkeit der Gäste und des Personals offenbart. Der Rückweg auf dem Leuchtturmweg führt am Inselblick vorbei. Das Land zeichnet sich mit seinen

Umrissen vom dunklen Wasser der Ostsee ab. Die Ansammlungen der Lichter zeigen die Ortschaften an. Das Wetter gönnt der Insel eine ruhige Nacht und keine menschliche Aktivität, keine Verkehrsstraße oder laute Strandbar stört diese Ruhe. Das leichte Klappern meines Rades, als ich über die Betonplatten holpere, ist mir fast unangenehm und lässt die grasenden Pferde auf der angrenzenden Wiese aufblicken.

»Schön dich lebend wieder zu sehen«, werde ich zu Hause empfangen.

»Und war es das Risiko wert?«

»Ja, die Küste ist schon beeindruckend und heute war sie ganz friedlich, aber etwas unheimlich sind die gewaltigen Steinmassen schon«, meine ich etwas erleichtert.

Steilküste am Dornbusch

Elixier des Lebens

Die Ideen, etwas zu unternehmen, gehen auf Hiddensee nicht so schnell aus. Der Wetterbericht wird beim Blick aus dem Fenster bestätigt. Am heutigen Tag wird Sommerwetter. Grund genug, endlich den Weg bis zum südlichen Ende anzutreten. Bis zum Leuchtturm auf dem Gellen hatten wir es bereits geschafft, damals setzte uns der Wind eine Grenze, an einem anderen Tag war es der Regen.

Wir starten früh, die Insel ist gerade am Erwachen. Von den Pferden auf der Wiese hinter Kloster liegen die meisten noch ausgestreckt im Gras. Die Kutschenbesitzer treten mit ihren Fahrzeugen den ersten Weg zu den Fährhäfen an, in der Hoffnung und Erwartung, vollbesetzt die bekannten Runden über die Insel zu fahren. Die beauftragten Mitarbeiter der Gemeinde sammeln bereits die Morgentoilette der diensthabenden Pferde, kleinere Reste landen gleich in der angrenzenden Wiese. Wir radeln ohne Zwischenstopps durch Vitte und Neuendorf weiter nach Süden. In der Nähe des südlichen Leuchtturms sehen wir in der Ferne eine Gruppe Wildschweine, zumindest deuten wir die Tiere als solche. Es folgt der Weg durch eine prärieähnliche Gegend. Auf der Seeseite erstreckt sich entlang der Düne ein Streifen niedrigen Kiefernwaldes. Wir fahren am Rand des Waldes durch die Wiesen der flachen Landschaft, hinter der auf der anderen Seite der Insel das Wasser des Boddens mit einigen Segelbooten zu sehen ist. Wie auf einem Gemälde verteilen sich die Boote auf dem Wasser. Am Horizont erhebt sich die Silhouette Rügens.

Boote auf dem Bodden

In Gedanken kommt uns wieder ein Besucher vergangener Jahre entgegen. Friedrich von Suckow, ein pensionierter Leutnant, ließ sich 1831 an der Südspitze des Gellen an Land setzen und wanderte in Richtung der Ortschaften. Der Dichter, Erzähler und Redakteur seiner eigenen Wochenschrift wollte über Hiddensee berichten. Damals gab es keine Anpflanzungen auf dem Gellen. Nur »unfruchtbarer Flugsand« auf einer wüsten und leeren Insel. Mit hungrigen Magen ging er schnellen Schrittes, um diesen öden Landstrich hinter sich zu lassen. Auf einer Düne sah er einen gewaltigen Fischadler, der sich einige Zeit beobachten ließ. Etwas weiter flog an einem Tümpel eine Gruppe Schwäne auf. Die Häuser von Plogshagen hielt er aus der Ferne für übergroße »Maulwurfshaufen«. Als er näher kam, empfing ihn außer dem typischen Torf- und Fischgeruch eine aus 10 Mann bestehende Cholera-Wache, bei der sich alle Fremden mit einem Gesundheitsattest ausweisen mussten. Die Krankheit trat in jenem Jahr erstmalig in Deutschland auf.

Wir sehen im Geiste noch dem Wanderer nach, bevor wir unseren Weg fortsetzen, bis ein Zaun und entsprechende Schilder auf das sich anschließende Naturschutzgebiet aufmerksam machen. Die Landschaft ist heute keineswegs so öde, wie vor knapp 200 Jahren. Grünes Weidegras, niedriges Buschwerk und der Waldstreifen hinter dem Außenstrand bestimmen das Landschaftsbild. Hiddensee zeigt sich von seiner besten Seite. Wir saugen die Sonnenwärme und die Seeluft ein, nachdem sich der Sommer bisher gut verborgen hielt. Am Ende des begehbaren Teils der Insel führt ein Trampelpfad vom Bodden bis zur Ostsee, an deren feinem Sandstrand wir unsere Decke ausbreiten, die heute zum Gepäck gehört. Meine Frau wagt sogar ein Bad im Meer, was Anfang Juli an der See keinesfalls ungewöhnlich ist. Untypisch ist eher das Wetter der letzten Tage, an denen die Temperaturen kaum über zwanzig Grad erreichten. Mit der unbedingten Hoffnung nach einem Badeurlaub sollte man nicht an die Ostsee fahren. Das mag besonders bei einem Urlaub mit Kindern eine Rolle spielen, wenn das Toben am Strand und im Wasser ganz vorn auf der Wunschliste steht.

Das muss allerdings nicht zwangsläufig zu den Vorlieben des Nachwuchses zählen. Ich erinnere mich an die ersten Ferien, als unsere Kinder noch klein waren. Damals hielten wir Sand und warmes Wasser genau für richtig und nahmen eine lange Anreise zu den südlichen Gewässern Europas in Kauf. Am Ziel war für die Kinder der Sand zu kratzig, das Wasser zu nass und alle im leichten Stress. Die Temperaturen sind also keine Gewähr für erholsame Tage.

Bei einem Wetter wie heute ist natürlich auch die Ostsee ein Genuss, wenn man ohne Plan und Verpflich-

tung einfach so am Strand herumliegen kann. Der blaue Himmel lockt zahlreiche Sonnenhungrige auf die breite Sandfläche. Dennoch bleiben rund 50 m bis zum nächsten Gast, an anderen Badeorten müsste das schlechteste Wetter herrschen, um einen solchen Platz zu haben.

Am frühen Nachmittag sind wir wieder zurück in Kloster und besuchen Kater Leopold auf der Fischbarkasse. Bei dem heutigen Sonnenschein lässt es sich gut an den Tischen draußen sitzen und essen. So hat der Kater den Gastraum im Schiff für sich allein. Von den Bänken auf dem Steg kann man das Geschehen im Hafen aus sicherer Distanz betrachten und sitzt naturverbunden fast mitten im Schilf. Außer der Fischbarkasse haben hier nur kleinere Boote festgemacht.

Die Ruhe und das Gefühl, Zeit zu haben, ist wohltuend. Dennoch übt das ständige Kommen und Gehen am Hafen eine gewisse Faszination aus und weckt das Bedürfnis, dieses aus der Nähe zu beobachten. Deshalb laufen wir nach dem Essen hinüber zu »Schillings Hafen Amt« und finden »unseren« Tisch außen am Seiteneingang unbesetzt. Der Brathering im Brötchen von der Barkasse war sehr schmackhaft und gut belegt, aber kein Grund, die Mahlzeit nicht mit einem kleinen Nachschlag zu ergänzen. Außerdem wollen wir ohnehin für den Abend eine »Makrele« zum Trinken mitnehmen. Diesen Wein hatten wir bereits verkostet und für gut befunden. Heute steht der Chef selbst hinter dem Tresen und ich bitte ihn, zu der Flasche für den Außerhaus-Verkauf noch zwei Gläser auszugeben, damit wir schon mal einen Schluck wagen können. Dazu bestelle ich einmal Fisch und Chips, was für uns beide reichen sollte, schließlich ist der große Hunger durch die vorangegangene Mahlzeit gestillt. So ausgestattet sitzen wir in der windgeschützten Ecke, genießen die Sonne und den Blick auf die Geschäftigkeit am Hafen. Obwohl wir das Anlegen der Fähre nicht direkt sehen, fungiert das Seitenfenster im benachbarten Ladengeschäft wie ein Spiegel und informiert uns, was vorn an der Anlegestelle der Fahrgastschiffe los ist. Der verstärkte Betrieb kündigt die baldige Ankunft einer Fähre an. Vermieter kommen mit Fahrrädern und Handwagen, um Gäste zum Schiff zu bringen oder neue Urlauber abzuholen. Hinter dem Gebäude des Hafenmeisters befindet sich ein ganzer Parkplatz voller Gepäckwagen mit Beschriftungen der zahlreichen Hotels und Unterkünfte im Ort, die für den Transport des Reisegepäckes genutzt werden können. Besucher rattern mit ihren Rollkoffern über das Steinpflaster. Hier kommt ein schwerer Koffer mit Gummirollen, die in gedämpften, tiefen Tönen die Fugen des Pflasters überqueren, dort rollt einer mit Plastikrollen hart und tackernd über die Steine. Wie die große Dogge mit sonorem Bellen und der kleine Spitz mit schrillem Gekläff geben die Gepäckstücke Laute von sich. Es sind schon eigenartige Gesellen, die Rolltaschen, Weich- und Hartschalenkoffer. Ebenso das Handgepäck mit Rollen, hochkant gerollt oder schräg gezogen, das dem jeweiligen Eigentümer bereitwillig folgt.

»Seit wann gibt es eigentliche diese Invasion der Rollkoffer?« frage ich.

»Ich weiß es nicht, sie waren irgendwann einfach da.«

Ich schenke Wein nach. Die Flasche steht etwas versteckt im Schatten auf dem Boden. Wir wollen den Eindruck nicht noch schlechter machen. Es reicht schon, wenn wir am Nachmittag mit einem Glas Wein hier sitzen. Alkohol ist bekanntlich keine Lösung, aber an so einem Tag eine schöne Bereicherung.

Die Fähre hat inzwischen angelegt und entlässt etwa zwei Dutzend neuer Gäste auf die Insel. Es gibt herzliche Begrüßungen. »War die Reise gut? Dieses Jahr haben wir etwas Pech mit dem Wetter, so richtig Sommer will es nicht werden. Die Kinder sind aber groß geworden.« Die abreisenden verabschieden sich von ihren Gastgebern und Freunden. »Es war wieder schön bei euch. Nächstes Jahr bekommen wir vielleicht besseres Wetter. Mal sehen, ob die Kinder kommendes Jahr noch einmal mitkommen.« Bei vielen ist das Wiederkommen ohne Zweifel. Man kennt sich und weiß, was einen erwartet. Die Fähre legt ab und die angekommen Urlauber sind bereits auf dem Weg in den Ort. Das Rattern der Koffer wird leiser und geht in den Gesprächen der Passanten, dem Bellen von Hunden und den Hufschlägen der Pferde an den vorbeifahrenden Kutschen unter. An den Tischen vor uns wechseln die Gäste. Man genehmigt sich ein Bier oder einen Kaffee. Die Sitzenden beobachten die Vorbeigehenden, die Vorbeigehenden mustern die Sitzenden. Es ist aber nicht der vergleichende und bewertende Blick, der einem manchmal an einer Strandpromenade begegnet, sondern ein interessiertes Schauen, zeitlos, nicht wertend, nur um die eigene Zeit auszufüllen.

Ich schenke nochmals Wein aus, die Flasche hat schon deutlich abgenommen. Noch fallen die Sonnenstrahlen auf unsere Ecke, die Gäste am Nachbartisch haben erneut gewechselt. Fahrräder in den Fahrradständern werden ausgeparkt, neue werden abgestellt. Ein großes Segelboot ist auf der Suche nach einem geeigneten Liegeplatz. Die Crew einer Yacht kommt mit vollen Einkaufstaschen aus dem Ort und geht an Bord, ein junges Paar beobachtet umarmt das Geschehen auf dem Wasser. Auf einer Bank sitzt eine ältere Dame bei Wind und Wetter. Es ist die Figur einer Reisenden aus Holz, die ihren hölzernen Koffer in der Nähe ihres Platzes stehen hat.

»Das war es mit der Flasche«, sage ich, und teile den Rest auf die beiden Gläser auf.

»Früher war da mehr drin«, meint meine Frau.

»Dann hole ich mal eine neue.«

»Die lassen wir aber besser zu, auch wenn es nicht weit bis zum Zimmer ist.«

Es hat sich langsam eingetrübt, die Sonne ist hinter Wolken verschwunden, die Luft wird kühl. Ich schaffe die Gläser mit der leeren Flasche nach drinnen und kaufe eine neue, die wir nun tatsächlich mitnehmen. An diesem Abend wurden wir in Kloster nicht mehr gesehen.

Neben dem individuellen Charakter ist es eine allgemeine Tendenz, dass mit zunehmendem Alter die Spontanität abnimmt und man nur selten vom gewohnten Verhalten abweicht. Man hat sich eingerichtet im Tagesablauf, im Leben. Wege haben sich bewährt, das ständige Suchen und Austesten aus jüngeren Jahren ist nicht mehr notwendig. Veränderungen werden überlegt und langfristiger geplant. Das hat seine unbestrittenen Vorteile. Heute war es ein gutes Gefühl, wieder einmal spontan gewesen zu sein.

Schillings Hafen Amt

Eine Hinterlassenschaft

Der folgende Tag ist unser letzter Urlaubstag auf Hiddensee. Deshalb lassen wir diesen besonders gelassen beginnen. Es ist erstaunlich und faszinierend zugleich, wie schnell uns die Insel von Hektik, Unruhe und dem Gefühl, etwas zu verpassen, entfernt und gleichzeitig im Entdeckerdrang für Natur und Kultur beflügelt hat.

Später fahren wir nochmals zum Enddorn, wo wir unsere Erkundungen auf dem Eiland begonnen haben. Ich möchte von hier noch einmal am Strand bis zu dem Punkt laufen, wo ich vor zwei Tagen aus der entgegengesetzten Richtung nicht weiterkam. Am heutigen Tag sind deutlich mehr Menschen am Wasser unterwegs, alle schauend und suchend nach schönen Steinen, Muschelschalen, Bernstein und ein wenig auf der Suche nach sich selbst. Einige Steinmännchen, aus kleineren Steinen sorgfältig und liebevoll aufgeschichtet, hinterlassen die Botschaft: Ich war hier! Unbekannt bleiben die Erbauer, entzückt und berührt sind die Betrachter. Bei unserem Besuch an diesem Strand zu Beginn des Urlaubs war es ein erstes Kennenlernen der Umgebung, ein erstes Einatmen der Seeluft und der Gerüche von Blüten und Sträuchern. Heute kennen wir die Insel ein wenig besser, das Hügelland des Dornbuschs und das flache Land bis zum südlichen Ende mit seinen Ortschaften, Deichen und Wegen.

Ich schichte selbst einige Steine übereinander. Es ist der Wunsch, etwas zu hinterlassen. Diese Motivation unterscheidet den Menschen vom Tierreich. Aktiver zu sein, als für die Lebenserhaltung unbedingt notwendig ist, hat sich über die Jahrtausende als Triebkraft im Bewusstsein verankert, weil man dadurch mehr erreichen kann.

Bei meinem steinernen Bauwerk bin ich mir recht sicher, mit dem Andenken keinen Schaden zu hinterlassen. Es soll ja Küsten geben, wo es strengstens verboten ist, etwas mitzunehmen, weil tausende Touristen allmählich den kompletten Strand abgetragen haben. Hier bleibt alles dort, wo es war, nur ein wenig anders angeordnet. In das Chaos der Steine ist an einem winzigen Fleck eine neue Ordnung eingezogen, die weitere Menschen erfreuen könnte. Nichts ist weggekommen, nichts dazugekommen und doch schafft der kleine Bau Glück für den Erbauer und Freude für die Vorbeigehenden. Wir müssen also »Steinmännchen« bauen, um das Vorhandene neu zu ordnen.

Mir ist klar, dass mein Werk keinen langen Bestand haben wird. Vielleicht werden es Kinder kreativ umbauen, ergänzen oder die Steine verstreuen. Spätestens das Meer wird mit einer natürlichen und ebenso unbändigen Gewalt die Unordnung wieder herstellen. Trotz des unabwendbaren Endes hat der kleine Bau zwischenzeitlich seinen Zweck erfüllt. Die Initiative war nicht umsonst.

An diesem Nachmittag fühlen wir uns verbunden mit dem schmalen Uferstreifen zwischen der Weite des Wassers, das beharrlich sanfte Wellen gegen das Ufer spült, und den aufragenden Sand- und Steinmassen, die gewaltig erscheinen, aber doch so verletzlich sind. Unser Erfahrungsschatz lehrt uns, dass unter der friedlich scheinenden Wasserfläche Kräfte und Gefahren lauern, die eine vermeintlich stabile und gewachsene Landschaft zum Einsturz bringen können.

Der Steilküste drohen jedoch nicht nur die Gefahren aus der Tiefe, sondern auch aus der Luft. Einzelne Bereiche werden von hunderten Uferschwalben bevölkert, die dicht nebeneinander ihre Löcher und Gänge in die Wand hacken, an deren Ende sich die Bruthöhlen befinden. Was auf der einen Seite Leben beschert, verringert die Stabilität der Abbruchkante.

Wir laufen, bis das Wasser auch aus dieser Richtung den schmalen Landstreifen vollständig eingenommen hat und ein Weiterkommen nicht möglich ist. Die Steilküste wirkt hier nicht ganz so bedrohlich, vielleicht liegt es an dem freundlichen Nachmittag und dem Lebensgefühl, das die Wanderer am Ufer und die Vögel in der Luft vermitteln. Noch einmal fühlen wir die Abgeschiedenheit am nördlichen Ende auf den wenigen Metern Land der Insel hinter den Bergen des Dornbuschs.

Als wir später viele ungetragene Kleidung zurück in den Koffer packen, sind wir uns einig:

»Das nächste Mal nehmen wir weniger mit.«

Am Abend führt uns ein Spaziergang durch den Ort Kloster, vorbei am Gerhart Hauptmann Museum, wo Sibylle Levidscharoff gerade eine Autorenlesung hält, am Biologenweg mit dem Doktorandenhaus entlang bis zur Treppe am Steilufer. Wir stehen hier oben und schauen auf die Landschaft der steil abfallenden Berge, auf den Steinwall, und das Meer dahinter, das heute einem Spiegel gleich vor uns liegt, bis sich das Bild in das Gedächtnis eingebrannt hat. In den letzten Stunden packt uns das Bedürfnis, möglichst viele Ansichten aufzunehmen, um sie später erneut abrufen zu können. Die Sonne neigt sich dem Horizont entgegen, sie wird ihren Weg auch nehmen, wenn wir längst schon wieder in den Zwängen des Alltags gefangen sind. Egal, ob die Bewohner des kleinen Landes ihre Insel tatsächlich für »Dat söte Läneken«, das süße Ländchen halten, wir empfinden es als eine treffende Bezeichnung.

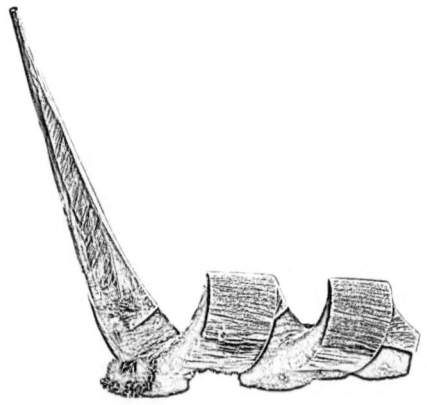

Abschied und Ankommen

Am nächsten Morgen sind wir es, die den Rollkoffer über das Pflaster des Hafens ziehen. Für den Transport des Gepäcks nutzen wir einen der Handwagen, den das Hotel für uns bereitgestellt hat. In einer Annonce aus der Anfangszeit des 1913 neugebauten »Hotel zum Dornbusch« wird noch ein »eigenes Pferd« und ein »Hausdiener am Dampfer« beworben. Damals reichte das Wasser des Boddens fast bis an das Haus. Durch die neuen Deiche und das gewonnene Land dahinter wurde die Insel an dieser Stelle etwas größer. Der Aufenthalt im »Appartementhaus Dornbusch«, wie es heute genannt wird, bleibt in angenehmer Erinnerung. Das Hotel auf dem alten Mühlberg, wo bis 1860 eine Mühle stand, wird seinem guten Ruf noch immer gerecht.

Appartementhaus Dornbusch

In Ermangelung eines eigenen Dieners ziehen wir den Wagen mit dem Gepäck selbst zum Hafen und setzen uns neben die hölzerne Dame auf der Bank am Bollwerk. Wir warten auf die Fähre, die ihre Wende im Hafenbecken ausführen wird, bevor sie neue Gäste auf die Insel entlässt und uns Wartende mitnimmt. Die Pferdekutschen stehen schon bereit. Die Temperaturen sind heute wieder kühler und wir mussten nicht alle Jacken im Gepäck verstauen. Im Grunde spielt das Wetter hier keine Rolle. Ich bin geradezu dankbar, nicht nur Sonnenschein erlebt zu haben. Das Gefühl für die Gewalt des Windes oder die Ausdauer des Regens hätte gefehlt und den Eindruck nicht vervollständigt.

»Wann werden wir wieder hier sein?« frage ich.

»Werden wir überhaupt noch einmal herkommen?«

»Man weiß zum Glück nicht, was das Schicksal bereithält.«

Ich habe es früher nie verstanden, wie man zehn oder zwanzig Jahre lang beständig an den gleichen Ferienort fahren kann. Mit dem Alter erhält man eine andere Einstellung dazu. Inzwischen haben auch wir »unsere« Orte, an die wir immer wieder für einen Kurzurlaub zurückkehren. Es ist interessant und spannend, Neues zu entdecken. Gleichzeitig schafft Bekanntes Vertrauen und eine gewisse Geborgenheit, die man in der schnelllebigen Zeit häufiger braucht. Hiddensee könnte so ein Ort werden, wie er es für viele berühmte und anonyme Besucher war und ist. Der Aufenthalt hat uns bewusst gemacht, dass wir im Leben angekommen sind, er hat uns eine innere Ruhe gegeben. Vielleicht ist es ein Geheimnis der Insel, dass hier alles intensiver ist, als an anderen Orten. Die Schönheit der Landschaft, Naturgewalten,

140

Kulturgeschichte und menschliche Schicksale in ihrer Vielfältigkeit sind zusammengepresst und komprimiert auf diesem kleinen Eiland.

Von der Fähre schauen wir auf die Geschäftigkeit am Ufer, die verschiedenen Sitzplätze und die Schiffe am Seglerhafen. Während wir uns zügig vom Hafen entfernen, blicken wir zum Räucherkutter mit den schrägen Tischen und Bänken, zu Willis Fischbarkasse, wo es sich Kater Leopold sicher auf den Sitzen bequem macht. Die Häuser werden kleiner, der Ort Kloster lässt sich langsam in seiner Gesamtheit mit den Augen erfassen. Berge und Salzwiesen, Vitte und Neuendorf kommen in das Blickfeld, bis die Details verwischen und die Insel zu dem langen Band eines niedrigen Landes mit dem Dornbusch als Brückenkopf wird. Der tiefliegende Tanker steuert wieder den flachen Bug des Gellen durch die Fluten. In Abwandlung eines Gedichtes von Alexander Ettenburg sagen wir:

Danke, vielgesichtiges Hiddensee,
für unterhaltsame und nachdenkliche Stunden!
Wir wollten ein unbekanntes Land entdecken,
und haben uns gefunden!

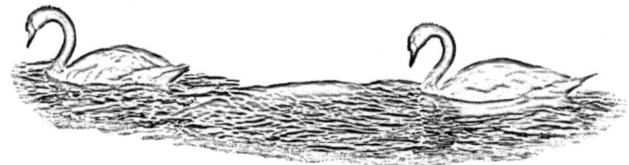

Nachwort

Es gibt zahlreiche gute Bücher und Berichte über Hiddensee. Einige haben wir auf die Insel mitgenommen und an den regnerischen Tagen gelesen, manche auch nur in das Regal im Zimmer gestellt und am Ende wieder eingepackt und ungelesen mit nach Hause genommen. Erst später habe ich sie durchgelesen und viele Erinnerungen sind im Gedächtnis lebendig geworden. Die gedanklichen Begegnungen mit Kosegarten, Friedrich von Suckow und Ettenburg, mit der großen Familie der Künstler und Kunstschaffenden, mit denen, die Ruhe und Lebenssinn suchten und mit Hauptmann, dessen »geistigstes aller deutschen Seebäder« Hiddensee noch heute sein kann.

Das kleine Land benötigt nicht unbedingt weitere Bücher und Beschreibungen, aber die Menschen könnten mehr Hiddensee für sich selbst gebrauchen. Die Besinnung auf wesentliche Dinge, das bewusste Erleben von Natur und Landschaft, von Sonne, Wind und Regen, die natürlichen Grenzen der Insel und die Unendlichkeit des hohen Himmels, die Nähe von Vergänglichkeit und Beständigkeit wirken wie ein Heilbad. Einzige Bedingung ist, dass man sich darauf einlässt und die Behandlung annimmt. Deshalb konnte ich es nicht unterdrücken, diese Wirkung, diese Kraft und Befreiung niederzuschreiben. Unseren Alltag werden zukünftig nicht nur die Erinnerungen an das süße Ländchen begleiten, sondern auch neue Erkenntnisse und Einsichten das Leben bereichern.

In Erinnerung an den Sommer 2017

Taschenbuch 80 Seiten
Buch 18,50 eBook 8,49

Indian Summer auf Hiddensee

Hiddensee ist nicht nur die Insel der Dichter, Denker und Künstler. Hiddensee bietet auch wildromantische Steilküsten, bezaubernde Waldwege, weite Heidelandschaften und blühende Wiesen. Lassen Sie sich mit diesem kleinen Bildband in die Farben und Formen des Eilands entführen und sehen Sie die Schönheit von den Ebenen im Süden bis zu den Bergen im Norden in einem besonderen Licht.

Taschenbuch 264 Seiten
Buch 18,50 eBook 12,99

HAUSBOOT Smalltalk

Haben Sie schon einmal mit dem Gedanken gespielt, im Urlaub mit einem Hausboot entspannt über Kanäle, Flüsse und Seen zu schippern? Hausboot Smalltalk vermittelt in einer beschaulichen und erbaulichen Lektüre alles über Wasserwege, Kanäle und den Hausbooturlaub, damit Sie als Skipper oder Crewmitglied sicher unterwegs sind.

Taschenbuch 112 Seiten
Buch 16,50 eBook 6,49

Hausbooturlaub in Irland

Erleben Sie die Insel vom Boot aus in einer einzigartigen Perspektive im größten zusammenhängenden Hausbootrevier Europas.
Das Buch beschreibt mit zahlreichen Fotos das gesamte befahrbare Revier von Shannon, Shannon-Erne-Waterway und Lough Erne Seensystem im Überblick.

Taschenbuch 100 Seiten
Buch 16,50 eBook 6,49

HAUSBOOT ZEITREISE

Kommen Sie mit auf eine Reise entlang einer romantischen Kanallandschaft zu den Industriedenkmalen aus der Zeit brandenburgischer Kurfürsten und preußischer Könige. Fühlen Sie sich wie der Schiffsführer eines Finowmaßkahns, wenn Sie als Skipper eines modernen Hausbootes die zwölf historischen und handbetriebenen Schleusen durchfahren.